シリーズ 都市の記憶を失う前に

伝統を今のかたちに

都市と地域再生の切り札！

後藤 治

＋ オフィスビルディング研究所
「歴史的建造物活用保存制度研究会」

白揚社新書

はじめに

本書出版の主体である「歴史的建造物活用保存制度研究会」（主宰・オフィスビルディング研究所、2014年～）は、歴史の証人ともいえる都市の町並みや、地域の歴史的な記憶を秘めた建造物を、できる限り「今のかたち」として活用しながら、保存・継承を可能とする仕組みや法制度の実現を目指し、多様な活動を続けております。今回、研究会の活動の一環として、このようなかたちで社会提言をさせていただくことにしました。

前身の「歴史的建造物保存の財源確保に関する提言研究会」では、2008年に『都市の記憶を失う前に――建築保存 待ったなし！』を上梓しており、本書の出版はシリーズの第2弾となります。シリーズ1・2共に、研究会の主メンバーである建築史家の後藤治氏（元文化庁文化財調査官・現工学院大学教授）の想いや知見を柱に、研究会メンバーがそれぞれの専門分野における本課題への寄稿文とで構成されており、できるだけ多くの方にご一読いただければ幸いです。

「なぜ、歴史的建造物の保存なのかといえば、こうした文化財は都市に潤いを与える大きな要素だからなのです」
「それができなければ、まちはのっぺらぼうになってしまいます」
建築史家の故鈴木博之先生はこうおっしゃっています。私たちは、この言葉に突き動かされるかたちで2002年に「写真集 都市の記憶シリーズ」の出版を決意した背景があり、現在でも先生のご遺志を受け継ぐかたちで、制度研究などの活動を続けているのです。

本書の題名「伝統を今のかたちに」には、「歴史的建造物をいきいきとした状態で活用保存したい」という私たちの強い想いが込められています。伝統をただ古臭いものにせず、今の時代でも価値のあるものにしていくことで、より輝きを増し続けていくと信じているからです。そしてそうすることで、次の世代へと確実に継承していけます。つまり、歴史的建造物が生き残っていくためには、活用保存がもっとも有効なのです。

なお、実例として、この「伝統を今のかたちに」を経営のメッセージとされている新潟県内の歴史的建造物保存のケースを、本書第一部の末にコラムとして掲載いたしましたので（135ページ）、ご参考にしていただければうれしいです。

本書が魅力的で奥行きのあるまちづくりの一助になることを願っております。

株式会社オフィスビルディング研究所　代表取締役　本田広昭

「歴史的建造物活用保存制度研究会」一同

目次

第二部　歴史的建造物を活かすための具体策

プロローグ　「人気の観光地」川越と「印象の薄い」土浦——歴史ある町が進んだ別々の道

後藤 治（建築学／工学院大学）

川越市と土浦市といえば、それぞれ埼玉県と茨城県の主要な核都市として発展してきた。どちらも関東地方では有数の古い歴史をもつ町であり、交通の要衝としての立地条件も近い。都心からの距離は土浦のほうが少し遠いものの、鉄道を利用した移動時間はほぼ同じであり、首都圏においては似たような位置づけの町といえるだろう。

実際、この2つの都市には共通点が多い。

川越と土浦の共通点

・古くから軍事拠点だったことから室町時代に城が築かれ、以来、江戸時代は川越藩および土浦藩の藩都として周辺一帯を治める政治の中心地だった。

・川越は新河岸川と川越街道、土浦は霞ヶ浦と陸前浜街道と、どちらも水陸交通の結節点であったことから旅籠や商家が建ち並ぶ商業都市としても栄え、経済的にも文化的にも大きな発展を遂げた。

・明治時代に廃藩置県が行われると、川越には川越県、次いで入間県の、土浦には新治県の県庁が置かれた。その後の府県統合によって県庁所在地ではなくなったものの、地域の核都市としての機能は変わらず、行政や商業施設、交通インフラなどの整備が進む。
・国土交通省が東京圏における機能分散の受け皿として指定した業務核都市（※）に選ばれ、現在も広域連携拠点としての育成・整備が進められている。

このように誕生の経緯と成長の過程は非常に似ており、順当に考えれば現在でも同じような境遇にあっておかしくなかったはずだ。ところが、今、多くの人は川越と土浦を同列に考えようとはしない。なぜなら、類似点を探すのが難しいほど、まったく違う町になってしまったからである。比べてみよう。

川越といえば誰もが頭に思い浮かべるのは江戸を感じさせる町「小江戸」のイメージだろう。蔵造りの町並みや創建が寛永年間に遡る「時の鐘（※）」などの歴史遺産が数多く残り、それらを目的に多くの人が訪れる人気のエリアだ。年間の訪問客数約665万人（※）は、日光（現在の日光市ではなく日光エリア）に匹敵するほどで、日本でも有数の観光地といえる。
最近では『ニューヨーク・タイムズ』などの有力メディアが相次いで紹介したこともあって海外で

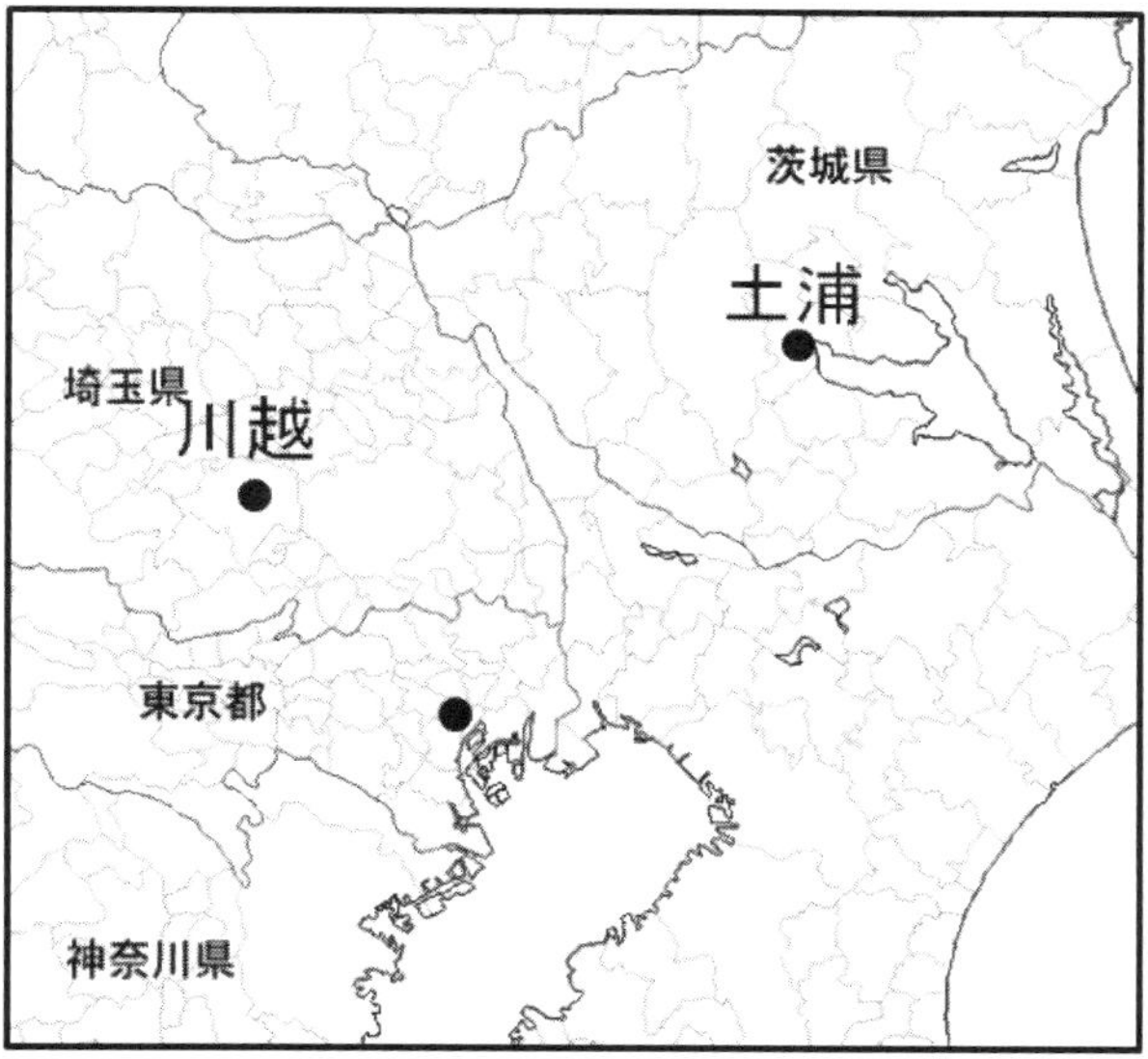

川越・土浦の地図

	川越市	土浦市
人口	約 35 万人(県内第 3 位)	約 14 万人(県内第 5 位)
面積	約 109km^2	約 123km^2
東京駅からの距離	約 37km	約 58km
東京駅からの時間	約 50 分（川越駅）	約 55 分（土浦駅） ※特急利用

川越市と土浦市の市勢比較

も知られるようになり、２０１５年の外国人観光客数は約12万人と前年の１・５倍を超えた。実際に川越の町を歩いてみると欧米からの個人旅行者には頻繁に出会うし、大型バスで乗り付ける中国人のツアー客の姿も日常の風景となっており、国際化はかなり進んでいるように感じる。

埼玉県のシンクタンク「ぶぎん地域経済研究所（※）」のレポートによると、観光客による経済波及効果は年間６００万人を超えた２００８年段階で約１３３億円と試算されており、さらに人気が高まった現在では１５０億円（※）以上に及ぶはずだ。それを実感するのは、新しいビルが建ち並ぶ川越駅（東武鉄道とＪＲ東日本）や本川越駅（西武鉄道）周辺の商業圏で、平日でも買い物客が絶えず、いつも賑わっていることだ。そういう風景を目にすると、川越のセールスポイントはすでに歴史だけでなく、この活気に満ちた雰囲気そのものなのではないかと思えるほどだ。

観光人気の高まりから波及する効果は経済面だけに留まらない。住民へのヒアリング調査の結果をもとに地域ブランドに関する研究を続けている立正大学文学部の浅岡隆裕研究室がまとめたレポート『〈観光都市〉川越の現状と課題』には、次のような興味深い数字が出ている。

川越市民へのヒアリングの結果

川越市への愛着度……「愛着を感じている」＋「ある程度愛着を感じている」＝93％

≡ SECTIONS HOME SEARCH The New York Times

TRAVEL | DAY OUT

Near Tokyo, a City Shows Its Age, Proudly

By KEN BELSON SEPT. 2, 2009

A soba noodle shop occupies a kura, or warehouse, from the late 19th century, in Kawagoe, known as Little Edo. Jim O'Connell for The New York Times

TO learn about Tokyo, you sometimes have to leave it. The capital has been rebuilt so many times that those wanting a glimpse of what it looked like years ago head to places like the Museum Meiji-Mura, more than two hours away.

But the city of Kawagoe, right in Tokyo's backyard, is a more practical alternative. Less than 45 minutes by train, the center of Kawagoe is filled with a well-preserved collection of century-old kura, or warehouses, that still double as stores, workshops and homes.

Many kura are clustered around an even older wooden clock tower and a jumble of buildings from the Taisho and early Showa eras that create the feel of a small town with a charm missing in many Japanese cities. A former castle town, Kawagoe does such a good job evoking the Tokyo of yore that it is affectionately called Little Edo, a reference to the ancient name for Tokyo.

『ニューヨーク・タイムズ』の川越特集記事
http://www.nytimes.com/2009/09/06/travel/06dayout.html?_r=0

川越市での生活満足度……「満足している」＋「ある程度満足している」＝91％
川越市の自慢できるところの有無……「ある」＋「少しある」＝90％
＊参考ＵＲＬ：http://asaoka-lab.weblike.jp/2011%20asaoka_research-semi_article.pdf

つまり、川越に暮らす住民たちのほとんどが地元に愛着や誇りを感じているというのである。なお、ヒアリング調査の対象は無作為に抽出した川越市民だが、そのうち30・８％は最近になって市外から移住してきた「Ｉターン」組だったそうで、そのあたりの数字にも川越人気の高さがうかがえる。

これに対して土浦のほうはどうかといえば、残念ながら川越のような明確なイメージをもつ人は少ないように思う。何人かに聞いてみても「常磐線で水戸に向かう途中にある大きな町」「つくば市（学園都市）の近く」といった曖昧なものが多く、土浦市民の方には申し訳ないが、印象は薄い。

土浦にも国内第2位の面積を誇る湖である霞ヶ浦や城址に造られた亀城公園などの観光スポットがあり、年間約１４０万人が訪れている（茨城県調査）。しかし実態を調べてみると大半は花火大会やマラソン大会、お祭りなどイベントへの来場者であり、町の魅力を味わうために訪れる人はあまり多くはないようだ。

観光以外の分野でも苦戦は続いており、中心部である土浦駅周辺にはかつて複数のデパートがあっ

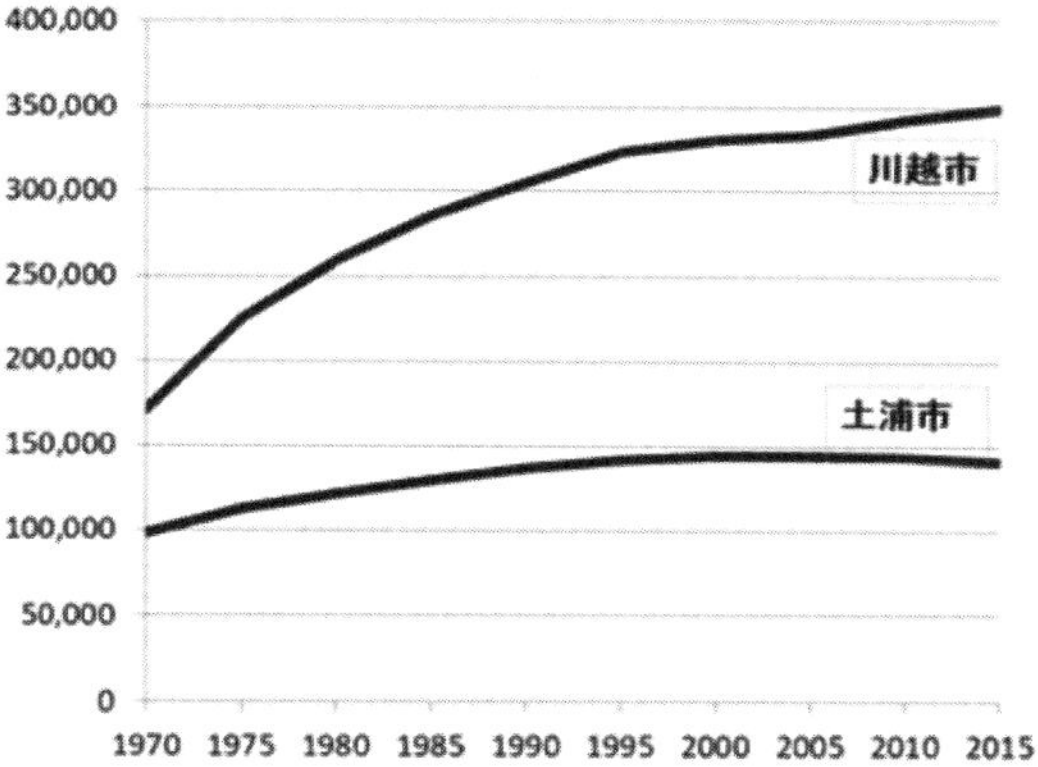

※1970-2010は国勢調査データ、2015はそれぞれの市が発表した12月段階の数字
※土浦市は1981年に阿見町住吉の一部、2006年に新治村を編入している

川越市と土浦市の人口推移

たもののすべて撤退し、現在では大型の商業施設がほとんどない状況だ。また筑波山への観光路線の役目も担っていた筑波鉄道筑波線は１９８７年に廃止され、土浦駅はターミナルではなくなっている（２０１２年には駅弁もなくなった）。

　川越と土浦の現状をもっとも端的に表しているのが人口の推移だろう。１９７０年には７万人ほどの差にすぎなかったのに、２０１５年には20万人を超えた開きとなっている。しかも、土浦市の人口は21世紀に入ってから減少傾向にあるほどだ。

　ちなみに、土浦市に隣接するつくば市の人口は増えている。つくば市にある学園都市は、建設が始まった当初には土浦市のベッドタウンのような存在だった。ところが、今や土浦市が学園都市の郊外都市のような存在になりつつあり、立場は完全に逆転してしまった。

それにしても、同じような歴史と立地条件をもっていた2つの都市が、なぜこれほど違う道を歩むことになってしまったのだろうか？　実はその理由に、本書のテーマである「歴史的建造物の保存にいかに取り組むか」が大きく関わっている。

※業務核都市　国土交通省の認めた「南関東の主要都市」という位置づけになり、１９８６年（昭和61年）の第四次首都圏基本計画と、１９９９年（平成11年）の第五次首都圏基本計画により以下の都市と地域が指定されている。横浜、川崎、厚木、八王子・立川・多摩、青梅、町田・相模原、熊谷・深谷、浦和・大宮（さいたま市）、土浦・つくば・牛久、川越、春日部・越谷、柏、成田・千葉ニュータウン、千葉、木更津。

※時の鐘　最初に建てられたのは寛永年間（１６２４～１６４４年）だが、現在の建物は明治時代に再建されたもの。

※約６６５万人　２０１５年（平成27年）の入込観光客数。川越市観光課調べ。

※ぶぎん地域経済研究所　さいたま市大宮区に本店を置く武蔵野銀行グループのシンクタンク。

※１５０億円　川越市の人口が約35万人なので、１人あたりにすると約４万３０００円という計算になる。

第一部

歴史的建造物が地域を活性化させる

歴史的建造物がなぜ重要なのか。
歴史的建造物が今の地域において果たす役割とは何か。
歴史的建造物の力を最大限に活かすにはどんな方法があるのか。
日本を活性化していく切り札である「歴史の価値」を考えます。

■後藤 治（建築学／工学院大学）

第一章　地域の方針《ビジョン》が町の未来を大きく左右する

高度経済成長が一段落する1970年代の日本では、それまでの「上昇・拡大」一辺倒の時代への反動からか、自らの内にある魅力を見直す動きが始まった。代表的なのが日本国有鉄道（国鉄）によって1970年から展開されたディスカバー・ジャパン（※）のキャンペーンで、京都や日光のような有名な観光地だけでなく、いわゆる「小京都」と呼ばれるような小さな町にも旅行者が集まりだしたのはこのころからだ。

そんな風潮を受け、行政側も歴史的な集落や町並みの保存に力を入れ始めた。1966年には京都、奈良や鎌倉の風景を守るためのいわゆる「古都保存法（古都における歴史的風土の保存に関する特別措置法）」が制定され、1975年には文化財保護法が改正されて伝統的建造物群保存地区（※）の制度（以下、伝建地区、伝建制度と略す）が導入される。

伝建制度が導入された後の１９７８年度には、この制度を上手く運用していくために、国土庁（呼称は当時）の事業予算である国土総合開発事業調整費によって、建設省・文化庁の共同による「歴史的環境保全市街地整備計画調査」事業が行われた。この調査事業は、都市計画道路と呼ばれる幹線道路と都市部の町並みの保存のあり方を両立させる方法を探ることをひとつの目的としていた。このとき、いくつかの伝建地区の候補地が調査の対象とされているが、川越はもちろんのこと、土浦についても価値のある伝統的建造物が数多く残っている地区のひとつとして認められ対象に取り上げられている。

ところが、その後の動向は２つの町でまったく違ってしまった。川越では行政と市民が一体となった保存活動が進められた結果、「歴史を感じさせる町」として観光需要を喚起できたのに対し、高度成長期からの開発優先の方針を変えられなかった土浦では多くの歴史的建造物が失われてしまう。その結果、川越市には観光客を集める伝建地区が存在するのに対して、土浦市には伝建地区はなく、全国どこにでもあるような平均的な町に近づき、地域としての魅力が感じられにくくなってしまったのである。

補足しておくと、現在でも土浦には開発を免れて残った蔵造りの建物はいくつかあり、最近では市民団体がその保存活用に力を入れていて、町のシンボルにしようとしている。しかし地元の観光協会が

図 1-1　川越（上）と土浦（下）の現状。2017 年 3 月の 3 連休中の 14 時ごろに撮影したもの（川越 3 月 19 日、土浦 3 月 20 日）

紹介しているのは現在でもほんの2軒だけであり、伝建地区として町並み全体を保存している川越とは比べものにならない状況だ。

■川越が人気観光地になった理由

それでは川越における歴史的建造物や伝建地区の保存活動とはどのようなものだったのだろうか。行政的な面での最初のきっかけは、1971年に町でも中心市街地にある最古の蔵造り建築である大沢家住宅が国の重要文化財に指定されたことだった。当時はまだ開発ムードまっただ中だったこともあり、建築家など外部の専門家たちが川越特有の蔵造りの町並みが失われる危険性を危惧し、様々な発言を行っていただけだった。この指定を機に、それまで町中で日常的に目にしていた普通の家に歴史的な価値があると市民が気づいたことで古い建物が見直され始める。そして、行政や商工会議所、商店主、自治会などの有志によって、旧城下町の歴史的資産を見直す運動を行う委員会等が結成される。

1973年になると、それまで熱心に保存活動に取り組んでいた川越青年会議所が市に対して景観条例制定の提案を行う。今から考えると先見の明のある行動だったのだが、この段階では運動はまだ一部の人のあいだに留まっており、市民全体に広がっていたとはいえなかった。そのため条例化は進まなかったし、1975年に伝建地区を導入するための市の調査（伝統的建造物群保存対策調査）事業が行われたときにも、歴史ある旧中心市街地の当事者である商店街からは保存のための同意を得られなかったほどだ。つまり、川越の町並みを守る活動も、最初から順調とはいえなかったのである。

ところが、その直後、蔵造りの町並みの中心部にあたる一番街周辺に高層マンションの建設が計画され、景観の破壊を心配する人が増えたことで、マンション建設の反対運動が広がりをみせていく。残念ながらこのときには法的対抗手段がなかったため建設を止めることはできなかったのだが、運動を契機に商業地域という都市計画の用途地域と景観の保存に関する問題を多くの市民が認識するようになり、その後の多くの活動につながっていった。

先述した文化財保護法改正による伝建制度導入の後の保存活動の経緯は別表にまとめておいた（次頁）。いくつか解説を加えておきたい。

1980年の「川越の町並みとデザインコード調査」は、マンション建設問題によって蔵造りの町並みに配慮した開発を誘導するための具体的な方策の検討を迫られた川越市が始めたもので、ここで示されたまちづくりに関する基本的な考え方が、現在、伝建地区で運用されている「町づくり規範」のベースになっている。

1981年に始まった文化財の指定も市による独自の活動だ。1975年に大々的な調査が行われたにもかかわらず国の文化財保護法に基づく伝建地区の指定にはなかなか進まなかったため、市は町

表 1-1　川越における歴史的建造物保存の動き

1971（S46）年	大沢家住宅が重要文化財に指定／専門家による町並み保存の提言
	行政、商工会議所、商店主、自治会などが保存活動のための委員会を結成
1973（S48）年	川越青年会議所が景観条例を提案
1975（S50）年	伝統的建造物群保存対策調査／一番街周辺のマンション建設反対運動
1977（S52）年	蔵造り資料館オープン
1980（S55）年	川越の町並みとデザインコード調査
1981（S56）年	蔵造り商家を市の文化財に指定開始（当初 16 件）
1983（S58）年	川越蔵の会発足（青年会議所 OB や専門家、市民など）
1984（S59）年	新富町と北部市街地でまちづくり委員会発足（市の内部組織）
1985（S60）年	川越一番街活性化モデル事業調査報告書
	川越市歴史的地区環境整備街路事業調査
1987（S62）年	一番街町並み委員会発足
1988（S63）年	一番街町づくり規範制定／新富町まちづくり協定制定
1989（H 元）年	川越市都市景観条例施行／観光市街地形成事業開始／歴みち事業開始
1990（H2）年	川越駅東口再開発竣工／川越市立博物館開館
1991（H3）年	本川越駅ビル竣工
1993（H5）年	十ヵ町会発足／川越景観百選選定
1994（H6）年	鐘つき通り線電線地中化事業／大正浪漫委員会発足
1995（H7）年	伝統的建造物群保存地区策定調査
1998（H10）年	川越市伝統的建造物群保存地区保存条例制定
1999（H11）年	川越市伝統的建造物群保存地区及び中央通り線の縮小変更の都市計画決定
	重要伝統的建造物群保存地区選定
	川越市都市景観重要建築物指定開始
2000（H12）年	川越市都市計画マスタープラン策定
2002（H14）年	川越駅西口地区都市景観形成地域指定
2003（H15）年	川越市が中核市に移行
2004（H16）年	川越十ヵ町地区都市景観形成地域に指定
2006（H18）年	クレアモール・八幡通り周辺地区が都市景観形成地域に指定
2011（H23）年	川越市歴史的風致維持向上計画が国より認定
2014（H26）年	川越市地区街づくり推進条例施行

※「川越市景観計画」（川越市）などを基に作成

https://www.city.kawagoe.saitama.jp/shisei/toshi_machizukuri/machizukuri/toshikeikan/keikankeikaku.html

並み保存に代わる次善の策として16件の蔵造りの商家を市の有形文化財に指定し、修復工事も市の助成を受けながら行えるようにしたのだ。

保存活動が包括的な動きになってきたのは、１９８３年に川越蔵の会（現ＮＰＯ法人）が発足してからのことだと思う。会には当初から熱心に活動してきた青年会議所のＯＢや専門家だけでなく、蔵造りの所有者や商店街の関係者などが幅広く参加することで全体的な方向が固まった。続いて１９８６年に建設省の歴史的地区環境整備街路事業調査が実施された。この事業は、先述の建設省・文化庁による調査事業を具体的に実現するためのもので、一番街商店街を貫く都市計画道路の計画幅員の変更や回遊路の整備、土地利用の制御方策の検討を始めている。最終的にまとまった現在の川越市の都市計画では、文化財保護法の対象となる伝建地区を中心とした川越十ヵ町地区とクレアモール・八幡通り・中央通り周辺地区、川越駅西口地区の3地区を都市景観形成地域（※）に設定し、建築基準などを定めることで建築物の保存だけでなく町の景観そのものを維持発展できるようにしている。

また、近年では、地域における歴史的風致の維持及び向上に関する法律（通称「歴史まちづくり法」）に基づく歴史的風致維持向上計画を策定し、２０１１年に国の認定を受け、歴史的建造物や景観の整備にも取り組んでいる。２０１６年には、歴史的建造物の保存活用が円滑に進められるよう、建築基準法の適用を除外する条例（川越市歴史的建造物の保存及び活用に関する条例）も制定されている。

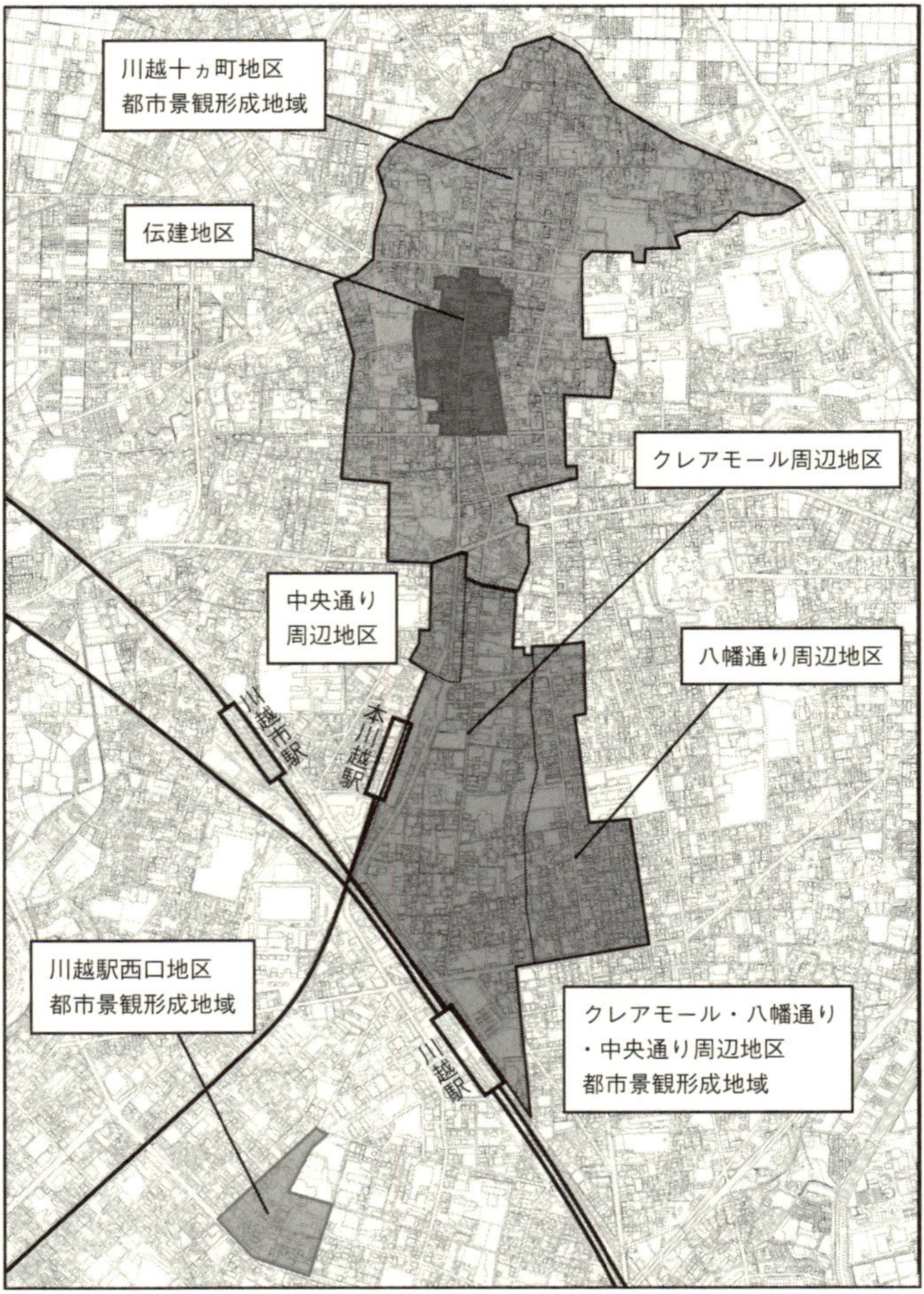

図 1-2　川越市の伝建地区と都市景観形成地域

ところで、歴史的な町並みの保存というと、古い建物の改修等に行政からの支援が受けられるということから、歴史的建造物を所有する古い住民が熱心であり、新しい住民はあまり関心がないように一般の人は思いがちだ。しかし川越における活動の経緯をみてわかる通り、伝統的な建造物の価値に早く気づいたのは、後から移り住んできた住民のほうが多く、歴史的建造物の所有者はむしろ規制をいやがって消極的であった。

考えてみれば、あたりまえの話で、ずっとそこに住み続けている人にとって古い建物は見慣れているからこそ「汚くて不便なもの」と映りがちだ。このため、町を活性化させるにはそういうものは壊してしまい、広い道路と新しい高層建築が建ち並ぶ光景にするほうが効果的だと思い込んでしまう。一方、多様な地域で生活経験のある新住民にとっては、どこにでもあるような凡庸な町並みはつまらない。それよりも固有の歴史に基づく地域の個性を感じられる町のほうが魅力的だし、誇りもてる。町並みの保存には、よそ者の目が大事といわれるが、それはこのような理由による。

川越の場合は様々な経緯から、旧住民も伝統的建造物の価値に気づくようになり、多くの市民と行政が一体となって保存活動を進めることができた。そうでなければ、国や県の既定方針である都市計画道路の開発を変更するのは難しかっただろう。

以上のことで、川越に６００万人を超える観光客が訪れているのは、単に魅力的な歴史的建造物や町並みが残っているからということだけでないことは、おわかりいただけたものと思う。歴史的建造物や町並みが良好に残ってきたのは、1970年代から80年代にかけての、少なくみても10年以上の様々な葛藤という下地があってのことなのである。国の調査事業で同じような調査が行われたにもかかわらず、川越にできて土浦にできなかった理由はといえば、その時点における市民の意識と、それに基づく活動に差があったからであり、それがその後の市の行政の「保存に向けた決断」の差、つまり町並みを形成する歴史的建造物への投資の差につながっていると言えるのである。さらに加えるなら、当時の土浦はといえば、つくば市（学園都市）で1985年に開催される科学技術博覧会（「つくば万博」と呼ばれた）に向けて、輝く未来都市を志向するまちづくりへの夢と希望で頭がいっぱいで、歴史的建造物や町並みに目を向ける人は、市民、市外の人いずれも少数派だったのである。

当時の日本の状況からいえば川越の動向はむしろ特例で、土浦の選択の方が一般的だったはずである。土浦だけでなくほとんどのところで、多くの歴史や文化が感じられる資産が失われてしまったことだろう。とはいえ、まだかろうじて資産は残されているはずだ。現在、各地の自治体では、1980年代に川越市と土浦市が直面したのと同じぐらい、もしくはそれ以上に、歴史的建造物の保存活用に対する厳しい決断がせまられているのではないだろうか。

■2040年にはあなたの町がなくなっている

日本で急速に進む少子高齢化は、住宅地においては空き家を、商店街においてはシャッター通りを増やし、地域の活力を激しく奪っている。そんなことから、「2040年までに896の自治体が消滅する」とショッキングな予測をしているのは、前回の東京都知事選にも出馬した増田寛也氏（※）だ。岩手県知事、新しい日本をつくる国民会議副代表、総務大臣、内閣府特命担当大臣（地方分権改革担当）、内閣官房参与、日本創成会議座長などを歴任し、自治体のあり方に関しても積極的な発言を続けている。ちなみに日本国内の市町村数は約1700なので、半数以上が消えてしまう計算になる。

増田氏の予測は全体的な方向としてはまちがっていないと思う。人口の半分以上が65歳以上の高齢者になると冠婚葬祭などの社会的共同生活が難しくなるし、充分な納税ができる者も限られてくる。一方で医療費や介護費といった福祉関係の公共負担は増していくので、結果として地域社会としての機能が維持できなくなるのである。

そうした社会構造になってしまった共同体は、当然、地理的に不便な中山間地域（※）に多い。そのなかでも地域社会の機能維持が困難になりかけている集落は特に「限界集落」と呼ばれている。つまり、消滅の一歩手前の段階だ。

限界集落の数は2010年段階ですでに1万を超えて、全国の集落数の15・5％に及ぶ。しかもこの比率は年々増えているので、あと20年少しで自治体の半数以上が消えてしまうという予測は、絵空事ではなく、十分に納得できるのである。

ただし、その対策として増田氏が提唱しているコンパクトシティという概念に関しては、必ずしも賛同できないところがある。

コンパクトシティは、日本語で集約型都市構造と説明され、生活圏を狭めることで無駄をなくすとともに、都市機能を高めていこうという考え方だ。たしかに、高度成長などを経て広がりすぎた都市部をぎゅっと縮め、自治体が管理するエリアを小さくすれば、インフラの維持費は軽減できるし、省エネルギーも可能だろう。その結果、地域の運営は楽になるし、さらに生活圏が集約されることで人口密度は高くなるから賑わいが増し、「商店街も復活してシャッター通りも解消できる」というストーリーになる。

このように書くと薔薇色の未来だけが見え、コンパクトシティ構想が地域の問題をすべて解決してくれるように思ってしまうが、実際にはそうはならないだろう。特に、コンパクトシティの実現を目指すために打ち出された政策のいくつかには多くの疑問がある。以下、具体的に説明していこう。

■コンパクトシティにしても地域は生き残れない

コンパクトシティ化の推進策として望まれているのは、例えば交通の便のいい駅前に高層マンションを建てて、高度成長期に郊外に分散した地域で過疎化してしまったところにいる住民を集めるといった政策だ。また新たな公共施設や商業施設をつくり、中心市街地を再整備することで賑わいを取り戻そうというのである。

一見、すばらしい政策のように思える。便利な場所に瀟洒《しょうしゃ》なマンションが完成し、「住みませんか？」と誘われ、その上、引っ越しに補助等の公的支援があれば、多くの人が移って来るだろう。その結果、地域の人口は増え、新しい住民たちは近所で買い物もするから商業施設や商店街も賑わうはずだ。

図1-3　コンパクトシティの成功例といわれていた青森市のアウガも2017年2月には商業施設が閉鎖されてしまった

この政策を忠実に実行した例としては青森県青森市がある。２００１年に青森駅前に複合型商業施設「アウガ」をオープンさせ、市民図書館や男女共同参画プラザ、生鮮市場、ファッション系店舗などを集中させた。さらには、その近くに大規模なマンションを建設し、住民の数を増やしたことで、アウガには年間約６００万人以上の来館者を集め、話題になった。中心市街地が活気づいてきたことによって周囲の賑わいも戻り、一時期は全国の自治体からの視察が相次いだ。

ところが、成功は一時のものにすぎなかった。青森市のアウガはやがて来館者も減っていき、累積した赤字によって2016年には運営母体の第三セクターが事実上の経営破綻をし、結局はハコモノ行政の典型的な失敗プロセスをたどってしまったのである。なぜ、このような結果になってしまったのだろうか？　そこには、コンパクトシティ構想の根本的な問題点があるように思える。

まず、大規模な施設をつくることは、コンパクトにするという思想と矛盾している。

次に、長期にわたって少子高齢化が進むなか、新築の駅前マンションに人を集め、短期的に人口を集中させても、しばらくすればそのマンションの住民だって高齢者ばかりになってしまう。後継者もいないので、やがては駅前マンションの活気は失われ、空き室が増えていくはずだ。

空き室だらけになったマンションの維持管理はどうしていけばいいのだろうか。「駅前の便利な不動産なので容易に転売できるのでは……」と思った人は、まだ人口増加型社会時代の幻想から抜け出せていない。

そもそも空き室が増える前の「高齢者だらけ」になった時点でマンションはすでに魅力を失っている。コミュニティが生まれにくくなり、生活がしづらくなっているはずだ。そんなところに新たに住みたいと思う人は少ないだろう。

また、所得の少ない高齢者が住民の中心では大規模商業施設ははやらない。また高層マンションのような大規模建物の維持管理を継続することも相当に難しくなる。建物が老朽化してきたので管理費を値上げして対応しようとしても反対する人が多く、管理運営に支障をきたした不動産業者が放り出したようになるはずで、そのような物件が容易に転売できるとは思えない。

つまり、現在進められているコンパクトシティ化政策は終末を少し先延ばししているだけであって、本当の意味で地域の活性化や再生にはつながらず、無理な集約による将来の大きなひずみを生むだけなのである。


もうひとつ、コンパクトシティ化政策の枠組みの中で注目され、識者からもよく提唱されるものに「ＬＲＴ構想」がある。ライトレールと呼ばれる新しいタイプの路面電車を導入すれば、都市の活性化に大きな効果があるというのだ。

言いたいことはわかる。

ＬＲＴが走って地域内の移動がしやすくなれば、自動車交通の代替になって道路の渋滞が緩和され、環境にもよく、省エネルギーにもつながる。「地球環境にやさしい」という点は常にＬＲＴ導入の切り札にされる。また、都市と周縁地域をＬＲＴで結ぶことによって周縁部に不足する機能を都市部で補うことができるので、同じような施設を何カ所も分散してつくらないですむし、周縁部の人を中心部に呼び込むことができて賑わいを復活できる。反対に、都市から周縁部への訪問者が増えることも期待できる。こうした人々の相互移動は「交流人口の増加」と呼ばれ、現在のような人口が増加しない時代の地域にとっては活性化を図るための重要なキーワードとなっている。

このような理由により、ヨーロッパの各地ではＬＲＴが導入されて一定の成功を収めているほか、日本でも富山県富山市の事例は有名だ。こちらも自治体関係者の視察が相次いでいる。

けれども、ヨーロッパや富山市の成功例は特殊なケースであり、どんな町でもＬＲＴさえ走らせれば活性化すると考えるのはまちがいだ。ＬＲＴの導入を計画している地方公共団体の実態をみると政策的にはおおよそいただけない場合が多いように筆者には思える。

ヨーロッパや富山市のＬＲＴが成功したのは、レールによって結びつけることで大きな効果が期待できる機能が充実した都市中心部と個性があり魅力的な周縁地域が存在したからだ。もともと潜在的な移動ニーズがあったからいい結果につながっただけで、はたして日本にそのような都市と地域がどの程度あるのだろうか。ＬＲＴを導入することを検討している地方公共団体の多くは、導入自体が目的化してしまっていて、結ぶ効果が期待できない地域を結ぼうとしているように思えるのである。

人口増加の時代には、都市から周縁に鉄道を延ばせば、その地域に都市が拡大して鉄道の沿線は活性化した。ＬＲＴの導入に熱心な自治体の多くは、人口増加時代の幻想を追いかけているだけのように思える。そうなると、コンパクトシティどころか、鉄道沿線になけなしの都市の人口が流出し、都市から周縁部を訪問する人もほとんどいない、従来あるような赤字の郊外型鉄道ができただけに終わり、自治体には鉄道建設に要した多額の借金だけが残るという悲惨な事態に陥ってしまうのではないだろうか。

富山市の場合は、市の北側に従来型の郊外型住宅開発の余地があり、そこに住宅がすでに建設され始めていたことに加え、さらに北側に東岩瀬という廻船業等で栄えた歴史的町並が残っていて、周縁の郊外地から都市に労働に向かう人の流れと、都市中心部から周縁部の観光に向かう人の流れをつくることができた。つまり、ＬＲＴを通したから成功したのではなく、ポテンシャルを持ったところをつなぎ、新たな鉄道需要を生んだから成功したのである。ヨーロッパのＬＲＴも、商店等の便利なインフラ機能がそろう都市中心部と、観光的に魅力があり静かに暮らすことができる周縁部の集落とを結んで、新たな鉄道需要が生まれ交流人口が増加しているから成功しているケースが多い。

そもそも、ＬＲＴを云々する前に、周縁から行きたくなるような都市中心部や、都市中心から遊びに行きたくなるような魅力ある周縁地域をつくることが先決ではないだろうか。さらに、ＬＲＴで結ぶことによって効果があるところなら、鉄道でなくバスで結ぶだけでも相当の効果が見込めるはずである。大きなお金をかけずとりあえずバスで結んでおいて、その差額は魅力ある中心部や周縁部をつくるための資金、すなわち、歴史的建造物や町並みの保存活用に対する投資にまわしたほうがよほど得策なのではないだろうか。LRTを導入するのはそれからでも遅くはないはずだ。

蛇足になるが、富山のLRTの成功は、すでにあった市内の鉄道を改良しただけなので、インフラへの投資費用が相当に抑えられたことが成功の要因のひとつであることも、付け加えておきたい。

■勝ち組と負け組の差はますます広がっていく

ところで、少子高齢化が進むと全国で平均的に人口の減少と高齢化率の高まりが起きるかのように考えがちだが、実際にはそうはならない。一律に過疎化していくのではなく、「あまり減らない」あるいは「増える」勝ち組と、「著しく減る」「年寄りだらけ」の負け組に二分されていくケースが多いはずだ。

なぜか。このことは、突飛な例のように思われるかもしれないが、筆者の勤務先でもある大学の経営問題を例にとってみるとわかりやすい。

少子高齢化の波を真っ先に受けるのが学校だ。若者人口が減ると生徒や学生の確保が難しくなり、学校の経営は一気に厳しくなる。特に大学の数は1960年の245校から2014年の781校へと3倍以上になっているから問題は深刻だ。現在、すでに経営が苦しくなっている学校も多く、どこも生き残りをかけて激しく戦っている。

しかし、そんな状況だからといって、すべての大学で受験生が減少して消滅の危機を迎えているわけではない。東京大学や京都大学、あるいは地方の中心となる国公立大学はもちろん、早稲田大学や慶應義塾大学など全国的に名前を知られた私立大学は安泰だ。それらの学校では人口が減っても受験生は少なくなっていないし、今後も学生がいなくなるとは考えられない。つまり勝ち組である。

そして、このような状況は、少子高齢化が進む現在でも首都圏や近畿圏などの大都市圏の多くの町では人口が増え続けていることと共通している。

これに対して、無名だったり、立地条件が悪かったり、学力などの評価が低い大学は一気に入学希望者がいなくなる。なぜなら、子供が減って合格のハードルが低くなれば受験生は少しでもいい大学へ流れていくからで、選ばれる理由がないところは悲惨な結果が待っているだけだ。驚くことに、現在、すでに定員割れになっている学部や学科を抱える学校は全私立大学の半数近くに及ぶという。ということは、中堅以下の学校はどこも消滅の危機を迎えている。この状況も、地方における都市の衰退や限界集落の発生とよく似ている。

それでは、規模が小さい大学や地方の大学は、全く生き残れないのだろうか。決してそうではないはずだ。女子大学や短期大学のように構造的に学生を集めにくくなっている学校を除けば、決め手になるのははっきりした個性だと思う。例えば「志願者数3年連続日本一」に輝く近畿大学は世界で初めてクロマグロの完全養殖に成功したことで有名だ。そんな話題があるとマスコミが次々と取り上げるので宣伝効果が大きいだけでなく、チャレンジ精神に憧れる若者も集まってくる。海外からも学生が集まってくる。

近畿大学ほどでなくても、他と違う部分、つまり「独自性」をうまくアピールできれば効果はある。特定の分野で最先端を行く業績をあげるとか、企業との関係を深めて就職に強い学校にするとか、方法はいろいろあるだろう。海外からの留学生を多く集めて人気の大分県別府市の立命館大学や秋田県立大学は、知る人ぞ知る存在だ。

要するに、少子化といっても受験生が各大学で均等に減ることはなく、ちょっとした努力とその差により勝ち組と負け組が決まってくる。ある町に2つの大学があった場合、それぞれ半分ずつ学生が減るのではなく、片方はそのままでもう片方がゼロになるといったシビアな事態さえ起きかねないのである。これは、地域間でも同じことだと思われる。

その点で重要なのは、小さな学校や地方の学校ほど、生き残りのために、それぞれの学校の独自性を際立たせなければならないことだ。やっていることが都会の学校と被っていれば、人は都会に行ってしまい、地方には来てはくれない。したがって、小さな学校や地方の学校ほど、自分にあった独自性を見極めると同時に、それを際立たせるための戦略や戦術が問われることになる。地方公共団体や限界集落も同じことではないだろうか。

一見、大変そうに思えるが、独自性は小規模なところほど発揮しやすいという側面があることを忘れてはいけない。組織としての意思統一が図りやすいからだ。規模の小さな組織では多種多様な対策は実行できないものの、集中特化した戦略によってかえって大きな成果をあげられる。大学でいえば、東京藝術大学や東京工業大学は典型例だろう。

このような戦略で成功した地方公共団体としては徳島県上勝町《かみかつちょう》が挙げられる。近年、ゴミゼロ運動や第三セクター企業の活動などの集中した戦略が成功し、テレビ番組にも取り上げられた。その結果、I／Uターン者が増加して、また注目され、独自性効果は今も持続している。

ここで重要なのは、独自性とは長い時間をかけてつくりあげるもので、一朝一夕には確立しないということだ。大学でいえばテレビに出ている文化人や著名な学者を教授に招いても学生の学力が追い着いていけなければ意味がないし、ノーベル賞級の研究者を招いても研究環境が整っていなければすぐに成果はあがらない。

つまり、ある程度時間をかけた一定の投資に基づく「本物」でなければ、独自性は意味をなさないのである。付け焼き刃で成功するほど世の中は甘くない。自治体の生き残りに関しても同じで、先述の通り、川越と土浦の運命を分けたのは、歴史的建造物や町並みがあるという表面上の違いではなく、長い時間をかけた市民による保存活動や、その保存活用のための投資によるものだったことを忘れてはならない。

■没個性の町は富を大都会に吸い上げられている

もう一度、コンパクトシティ構想に話を戻そう。都市のコンパクト化を進めることで一時的に活気を取り戻したとしても、周辺の地域で同様に商業施設ができ、駅前マンションが増えてくれば、住民はより便利で賑やかな場所を選ぶはずで、そっちに移ってしまう。だいたい「人口集約による都市機能の向上」を謳うなら最初から大都会に勝てないはずで、それは地方の小さな大学が早稲田や慶應と張り合っているようなものだ。最初から戦い方をまちがえている。

コンパクトシティを目指すなら、遠回りでも、地域の独自性を磨いて魅力を高めたうえで、その魅力を求めて集まってきた人によるコンパクト化を図るべきであろう。そしてその魅力を生み出す大きな力が歴史的建造物にある。それなのに、再開発と称して古い建物を次々と壊し、空き地やどこにでもある施設を増産しているようでは、まったく逆方向だ。残念ながら、歴史的建造物を壊して建てられた公共施設、商業施設や駅前高層マンションはすでに相当数に上るはずだ。

新しい公共施設、商業施設や高層マンションは、それがどんなに瀟洒で見栄えがよくても、そのほとんどは日本中どこにでもある同じ建物に過ぎない。だから日本全国、どこに行っても駅前の風景は似てしまい、区別がつけにくい。最初から差別化なんか考えていないのである。

同じことは地方都市の主要幹線道路を車で走っているといつも感じる。駅前の商店街が苦戦する一方でロードサイドには全国チェーンの物販店や飲食店が増え、今、自分がどこにいるのかわからなくなるほどだ。ちなみに住宅街に足を踏み入れても、最近はハウスメーカーの画一的な家が並び、やはり地域の個性は失われつつある。

このような現象は、単なる「没個性」では終わらない。考えてみてほしい、ロードサイドに建ち並ぶショップやレストランチェーンの本社は、ほとんどは大都市に集中している。それだけではない、住宅を売るハウスメーカーやマンションを建てるゼネコン、ＬＲＴなどを売り込んでくる様々な企業など、地方活性化を謳い文句にビジネスを展開しているのは、みんな大都市の事業者なのである。その結果、一時的に成功して生じた収益も、結局は流出して都市部を潤すのに使われるだけだ。貿易にたとえれば、地方はその収支が超赤字の状況だ。地方の富は都会に収奪されていくのを放置したままで「地方の活性化が大事だ」と声をあげても空しく響くだけだろう。

近年、駅前にある大規模な商業施設から業者が撤退してしまい、それを問題視している市町村が数多くある。確かに住民の生活のうえでは不便になったのかもしれないが、本当の意味で地域の活性化を考えたときには、実は絶好のチャンスなのである。大規模商業施設の運営業者の撤退により、都会の資本に吸い上げられていた売り上げを地域の地産地消に戻すことができるかもしれないからだ。

少し話が横道にそれたので整理しておこう。少子高齢化は一律に来るのではなく、魅力ある地域には緩やかに、魅力のない地域には激しく押し寄せる。だから成長期のときのように「みんなと同じ」戦略を採っていてはだめなのである。マイナス成長期に通用するのは「周囲のみんなとは違う」戦略と戦術だけであることを知るべきだ。

そして、川越の例でもわかる通り、歴史的建造物や町並みは独自性を生むために大きな役割を果たし得るツールのひとつで、それに対する時間をかけた投資と、その投資を実現させるための地に足のついた市民の活動が大事になる。

あなたの住んでいる町や村が「2040年までに消える896の自治体」になるかどうかは、このような現実を知ったうえで自分たちが決めるしかない。なぜなら、行政にまかせていても、行政は他の自治体の顔色をうかがって横並びの政策を行うだけで、他と違う独自性を発揮していくのは難しいからだ。そもそも行政のシステムとして、住民が方向を示さなければ役所は動けない。したがって、最初に必要なのはそこに暮らす人々の意識改革であり、だからこそ川越の市民活動の歴史とその成功は、重要な示唆を与えてくれているのである。

※ディスカバー・ジャパン　同じ年に展開された富士ゼロックスのキャンペーン「モーレツからビューティフルへ」も同じようなコンセプトによるものだった。

※伝統的建造物群保存地区　従来の文化財保護法では文化財とは単独の建造物や美術品などに限定されていたが、１９７５年の改正により「周囲の環境と一体をなして歴史的風致を形成している伝統的な建造物群のうち価値の高いもの」を伝統的建造物群と定義し、町並みそのものを保護の対象にするように定めている。実務的には市町村が条例で（都市計画区域内では都市計画に基づき）伝統的建造物群保存地区を指定し、様々な保護・保存活動を行う。一定の価値を持つ伝統的建造物群保存地区については、国が重要伝統的建造物群保存地区に選定し、市町村が行う保護に対して支援（補助、税制優遇等）を行う。

※都市景観形成地域　川越市の都市景観形成地域の基準についてはここを参照のこと。
http://www.city.kawagoe.saitama.jp/shisei/toshi_machizukuri/machizukuri/toshikeikan/keikankeisei/keikankeiseichiiki.html

※増田寛也　１９５１年生まれ。東京大学法学部卒業。自治体消滅の可能性については著書『地方消滅――東京一極集中が招く人口急減』（中公新書）の中で説明している。

※中山間地域　日本の農業行政では地域区分を、都市的地域（東京など）、平地農業地域（平野部）、山間農業地域（山間部）、中間農業地域（平地地域と山間地域の間）の４つに分けていたが、１９８９年から後ろの２つを合わせて中山間地域と呼ぶようになった。国土面積の約7割を占める一方で人口は約7分の1と少ない。

第二章

地域再生の切り札としての観光と歴史的建造物

少子高齢化が進む現在、地方で人口が増加することはそう簡単には望めない。そこで国が力を入れているのが「交流人口の増加」による地域の再生だ。交流人口の増加とは、観光や買い物、飲食などのために居住地以外の街を訪れたり、都会からのＩターンやＵターンによって地域に居住したりする人を増やそうとすることである。それによって人口減少などによる地域経済の停滞に少しでも歯止めをかけようというわけだ。

イギリス出身で日本の文化財保護に大きな貢献をしているデービッド・アトキンソン（※）氏は、著書『新・観光立国論』（東洋経済新報社）の中で「少子高齢化が経済の足を引っ張る日本において観光産業は非常に重要だ」と主張しているが、これも趣旨は同じである。彼の主張をざっとまとめるとこうなる。

・出生率はすぐには上がらないが、といって移民政策で人口を増やすのは難しい。
・そんな状況で経済規模を拡大するには外国人観光客をたくさん呼んで金を落としてもらえばいい。
・2014年の訪日客数は1300万人程度。日本ほどのポテンシャルをもつ国としては驚くほど少ない。
・日本の潜在力と世界の観光産業の隆盛を考えれば2030年までに8200万人を招致することも不可能ではなく、それを成功させれば日本経済は第二の高度成長（GDP8％拡大）を実現できる。

つまり、観光は日本における数少ない成長産業なのだから、地方を活性化していくうえでは重要な武器になると指摘している。さらには、歴史的建造物や町並みに代表される文化財はそのための有力なツールとなるといったことも述べられている。

たしかにその通りで、観光は交流人口を増やすうえでも、非常に有力なツールとなる。外から来た人が地域でお金を落としてくれれば、貿易収支でいえば、赤字の解消になる。実際に、貿易赤字が著しい発展途上国においても、国際収支上の数少ない収入源のひとつが観光収入だ。

最近では日本政府も観光振興を国家戦略上の重要な課題と位置づけ、様々な取り組みを展開している。歴史的建造物に関係するものとしては、文化庁が2015年に始めた「日本遺産」の認定と、2016年からの「美しい日本探訪のための重要文化財建造物活用事業＝重要文化財建造物の美装化事業」（以下「美装化事業」と略す）が挙げられる。

日本遺産は、地方公共団体の申請に基づいて国（文化庁）が審査し、認定するもので、従来のように文化財をそれだけで評価するのではなく、背景にある物語性や話題性まで対象にしているのが大きなポイントだ。認定されると、地方公共団体が行うプロモーション活動に国が財政的な支援を行うだけでなく、「日本遺産」というブランドイメージによる観光への効果が期待されている。

美装化事業は、国宝や重要文化財に指定されている建造物について、外観の美観を保つ修理事業に対して国が補助金を出す制度だ。文化財の修理に対する国からの支援は以前から行われていたが、従来の事業がもっぱら「保存」を目的としていたのに比べ、新しい事業では観光資源にもなる外観の美しさを維持することが目的であるため、破損が著しく進行していなくても、観光資源として役立つものは優先的に補助を受けられるという特徴がある。

なぜこのような制度が設けられたのかというと、従来の支援制度では「保存のための緊急的な修理が必要だ」と判断されるような著しい破損状況にならないと充分な補助金が出なかったからだ。そのため、建物の所有者等は少しの破損では動かず、さらなる進行を待ってから支援を申請するといったケースが多かった。これだと貴重な文化財が傷んでいくのを助長しているようなもので、人の目には傷んだ文化財ばかりが目に入ることになる。こうした事態を防ぐため、早い段階から修理事業を行え、貴重な観光資源としての役割も所有者等に意識してもらえる美装化事業が誕生したのである。

日本遺産も美装化事業も、アトキンソン氏の意見を取り入れて始められた政策で、観光振興など今後の成果が待たれるのだが、ただし、それがそのまま地域の活性化に本当につながるのかといえば、そうとはいえない。このあたりは、もう少し深く考える必要があるだろう。

■国の観光政策が地域の活性化につながるとは限らない

日本遺産の認定において物語性や話題性が重視されているのは、発想としてはいいことだと思う。歴史的建造物や古い町並みのような文化財を観光に活かそうとするなら、単なる建造物というハードだけでなく、背景にある歴史的な物語といったソフトを加えることで価値が増すからだ。

京都の大徳寺にある三門は、何も知らなければ立派な重要文化財のお寺の門というだけで終わってしまうが、その門の2階に「千利休が自分の像を置いたことで、豊臣秀吉の怒りをかい、自害する原因となった」と聞けば、わざわざ足を運んでまで見てみたい、2階に上がってみたいと思う。そういうことだ。「観光で成功するにはハードとソフトの両方そろっていることが重要だ」というのは、この分野の専門家のあいだではよく知られたことである。

しかしそうだとすると、観光資源の価値を高めるソフトは、もっと気楽に考えてもいいのではないだろうか？　わざわざ国が審査して認定し、その広報にお金まで出すようなものではないような気がするのである。

そんな面倒な手間をかけるより、ソフトの認定や広報は、地方公共団体やマスコミに任せておけばいい。むしろ、国はハードの認定や維持・保存だけに注力すべきなのではないか。地方公共団体や所有者等が必要としているのは、むしろそっちだろう。「かかあ天下」「デカンショ節」といったストーリーが日本遺産に認定されているが、それに対応するハードを思い浮かべられる人がいるだろうか。それなら、「かかあ天下」に該当する人や「デカンショ節」そのものを無形文化財に認定する方がずっと効果的なはずだ。

日本遺産にはもうひとつ疑問がある。認定されたものをみてみると、物語性や話題性を重視しすぎたせいなのか、ハードとして整理した場合、統一感がなくバラバラで、なかには何が選定されているのかわからないものまである。

いうまでもなく日本遺産は世界遺産をモデルとしているから、ユネスコが採用している審査の手法を意識したものになっている。しかし、世界遺産の場合は「文化遺産（建造物、町並みなど）」「自然遺産」「複合遺産（景観など）」といったように対象をはっきりとさせたうえで、その背景にある物語性や話題性を評価して認定を行っているのであって、物語性や話題性そのものを認定してしまう日本遺産の選考基準と対象はきわめて曖昧だ。「かかあ天下」はなぜか群馬の絹産業遺産だそうだし、「デカンショ節」は兵庫の篠山の町並みだそうだ。この結びつきは、日本人に説明するのも難しそうなのに、それが外国人に理解してもらえるとは到底思えない。

そもそも「日本遺産」というネーミング自体、「世界遺産」への過剰意識の表れである。関係者は日本遺産というブランドが世界遺産と同様に国際的な観光需要に結びつくものと期待しているようだが、どうだろうか。ブランド力ということでいえば、旧来からある国宝の方がずっと上である（認知度は高い）。日本遺産を選定するより、ストーリー性を重視して国宝を増やすといった方法のほうが、よほど効果的だったのではないだろうか。

さらにいえば、日本遺産を世界遺産と重ねて、国内の他の文化財よりも上位であるようにみてくれるのは日本人だけである。海外の人にとっては国宝や重要文化財といった国が決めた文化財のランクや区別は、ほとんどつかないはずだ。ちなみに、イギリスでは文化財建造物の重要性に応じて3段階のグレード分けがされているのだが、その違いを知って観光に行く日本人は、ほとんどいないはずだ。世界遺産なら、外国人でも知っているし、それを目的に観光に訪れる日本人は大勢いるだろうが。

次に美装化事業についてだ。文化財建造物というハードに対する投資拡大という点では一定の意義があると思う。とはいえ、ソフトをともなわないハードへの投資だけでは観光に対して効果が低いことは述べた通りだ。アトキンソン氏も著書の中で同様の指摘をしている。

美装化事業の対象となっているのは、国が国宝や重要文化財に指定した建造物のみである。したがって、これらは、すでに名前の知られた存在であり、目新しさはない。つまり、そこに投資したからといって新たな観光需要を生み出す可能性は少ないのだ。それよりも、まだあまり注目されていない歴史的建造物や歴史的町並みに対する投資を促すような政策を行い、効果を高めるべきだろう。

日本遺産や美装化事業に対する疑問点を考えてみると、国が行うべき事柄として、今、必要なのはソフトではなくハードへの投資であり、それは従来の文化財建造物の枠組みを超え、地域（エリア）を意識した、その名を知られていない歴史的建造物や歴史的町並みへの投資であることが見えてくる。そしてそれは、川越の町で行われてきたような、地道で息の長い投資に通じているのである。

■ゆるキャラより歴史・文化のほうが長持ちする

観光振興という点では、政府だけでなく地方公共団体も相当の力を注いでいる。少子高齢化のなかで、観光による効果は都市部より地方のほうがはるかに大きいからだ。

ところが、実際に行われている観光振興策を見ると、財政ひっ迫の影響もあるのか、ハード面よりもソフト面を重視する方向に走りがちだ。しかも、伝統工芸品や名産品などを宣伝していくだけならともかく、「ゆるキャラ」や「B級グルメ」のような流行りものの売り込みに必死である。

しかし考えてみてほしい。ゆるキャラやB級グルメがヒットして全国区になったとしても、それに対する消費は多くが都会でされるため、必ずしも地域の活性化にはつながらない。ゆるキャラによる販売促進効果で多少の利益があがったり、地域の知名度が高まったりしても、雇用の促進や人口減少の歯止めには結びつかないはずだ。

鳥取県境港市の水木しげるロード商店街への訪問客が多いのは驚きだが、だいたい、わざわざ、ゆるキャラに会うためにその地域を訪れる観光客は日本人だけで、外国人観光客でゆるキャラに会いに地方に行きたいという人は、ほとんどいないはずだ。B級グルメにしても、「讃岐うどん」効果で訪問客の増えている香川県のような例は、むしろ例外で、よほどおいしく、しかも個性的なものでなければ集客力はないだろう。そもそも、これらは地域を訪れた「ついで」に楽しむものであって、主な観光目的にはならない。だから、それだけで観光客が増え、地域が活性化すると期待するのがまちがいなのである。

ゆるキャラやB級グルメに続き、地方公共団体がよくやるのが名産品のアンテナショップを都心に出すことだ。これについては、もっと考えたほうがいい。

第一に、都心の一等地に店を構えるには相当の施設経費がかかる。第二に、都会で地方の名産品を売っているのであれば、わざわざ現地まで行って買おうとする人はかえって少なくなってしまうから、結果的に観光客の減少につながってしまう。

もちろん、アンテナショップに地域や名産品の知名度を高めるという効果があることは認めるが、最終的な目的が地域の活性化であると考えたとき、都会の一等地の店舗では、見合うだけの費用対効果があるとは思えないのである。

知名度を高め、名産品を売り込みたいというのであれば、都心の一等地にアンテナショップを出すより、都会のはずれの界隈性（76ページ参照）がある場所で一杯呑み屋か一杯めし屋を開業するほうがよほど効率的だ。なぜなら、施設費用ははるかに安くすむのに加え、都会に暮らしている地元出身者が集まるコミュニティセンターのようになる可能性があるからだ。すると、そこで生まれた交流からUターンやIターンを考える人も出てくるはずで、活性化への効果は大きいように思う。最近では、アンテナショップと、地方の特産やお酒を飲食できる店舗が併設されているところが増えてきているが、それはこうした効果に気がつき始めているからだろう。

地方で観光振興策を成功させるには、安直なソフト開発に走るだけでなく、ハードにもしっかり投資することが大事だ。ところで、この点でも失敗しているケースが多い。

例えば、「大量の観光客を迎え入れよう」と大型の集客施設を建設するのは非常にリスクが高い。一時期、流行ったテーマパークの多くが期待はずれの結果になったことは知っているはずだ。ところが、最近ではこれが「道の駅」に替わっただけで、実は同じようなことをくりかえしている。

客足が絶えず、いつも賑わっている道の駅には共通した特徴がある。野菜や海産物などの直売場があって、近隣の人が買い物に訪れている。つまり、地元の消費拡大に役立っているのであり、多くの観光客を呼び寄せているというわけではない。観光客に道の駅が人気なのは、地元の人がそこで消費をしているからだ。地元の人が買い物をするようなところで、観光客も買い物をしたいのだ。

そしてこれも、同じような施設がまわりに増えてくると、競争が激しくなり、場所によっては衰退の道を歩む。地元の人で賑わっていないところには、観光客も訪れなくなる。道の駅の集客力を確保していくには、個性が必要になる。周辺に魅力的な観光地があり、そこを周遊するための拠点にするのはひとつの方法だ。そうすれば他の道の駅との差別化ができるし、リピーターも増えるだろう。ところで、道の駅に観光客が寄るのは、手軽に何でもそろうからで、そこで特産品が何でも手に入ってしまうのでは、地域での観光客の滞在時間はかえって短くなってしまう。地域の観光にとっては、これでは逆効果だ。したがって、アンテナショップや道の駅に何でもそろえてしまうのは、かえって逆効果である。そうした施設には「そこそこ」ぐらいのものをおき、特上のものは地域でしか手に入らないようにして、そのことを施設で宣伝し、地域への来訪者を増やすべきである。つまり、施設はあくまで、地域に人を導くための窓口にすることが肝要だ。また、地元の人が買い物をする場所ということであれば、本来は地域の商店街や市場だったはずである。歴史的な町並みで、生活感があふれている古い商店街や市場があるようなところは、観光客により魅力的にみえているはずだ。道の駅をつくる前に、地域にそうした場所がないか探してみてもらいたい。

地域が観光で成功したいと思うなら、大規模集客施設だけではだめで、相当に周到な戦略と戦術が必要だ。戦略や戦術を考えるという点では、やはりかつての川越のように地道で継続的な地域への投資、すなわち、地域においてごく日常的な歴史的・文化的資源を掘り起こし、それに投資を行って売り込むような地に足の着いた取り組みが必要だ。

■地域の活性化の成功事例に共通したこと

全国には、川越の他にも地域の個性を打ち出して、観光需要の掘り起こしに成功し、高齢化や人口減少に対して、一定の食い止めに成功したケースがある。以下では、歴史的建造物や町並みへの地道で継続的な投資によって成功している事例をいくつかみてみよう。

図2-1　白川村荻町（年に1度の防災訓練の様子）

岐阜県白川村（白川郷）

合掌造り集落で知られる岐阜県の白川村は、1995年にユネスコの世界遺産（文化遺産）に登録されたことで人気が高まり、現在でも人口1700人ほどの村に約173万人が訪れている（2015年。うち外国人が約26万人）。急激な観光地化により、村のセールスポイントである「日本の原風景である風情」が失われるのではないかといった心配もあったが、現在では景観の保護と観光産業の振興を両立する方針が貫かれており、地域の魅力は保たれているようだ。

白川村でも1960年代ごろまでは古い建物を守ろうと言った動きがあまりなかったという。発電用ダムの建設によって村の一部が水没することになったり、都市部への人口流出によって家屋が

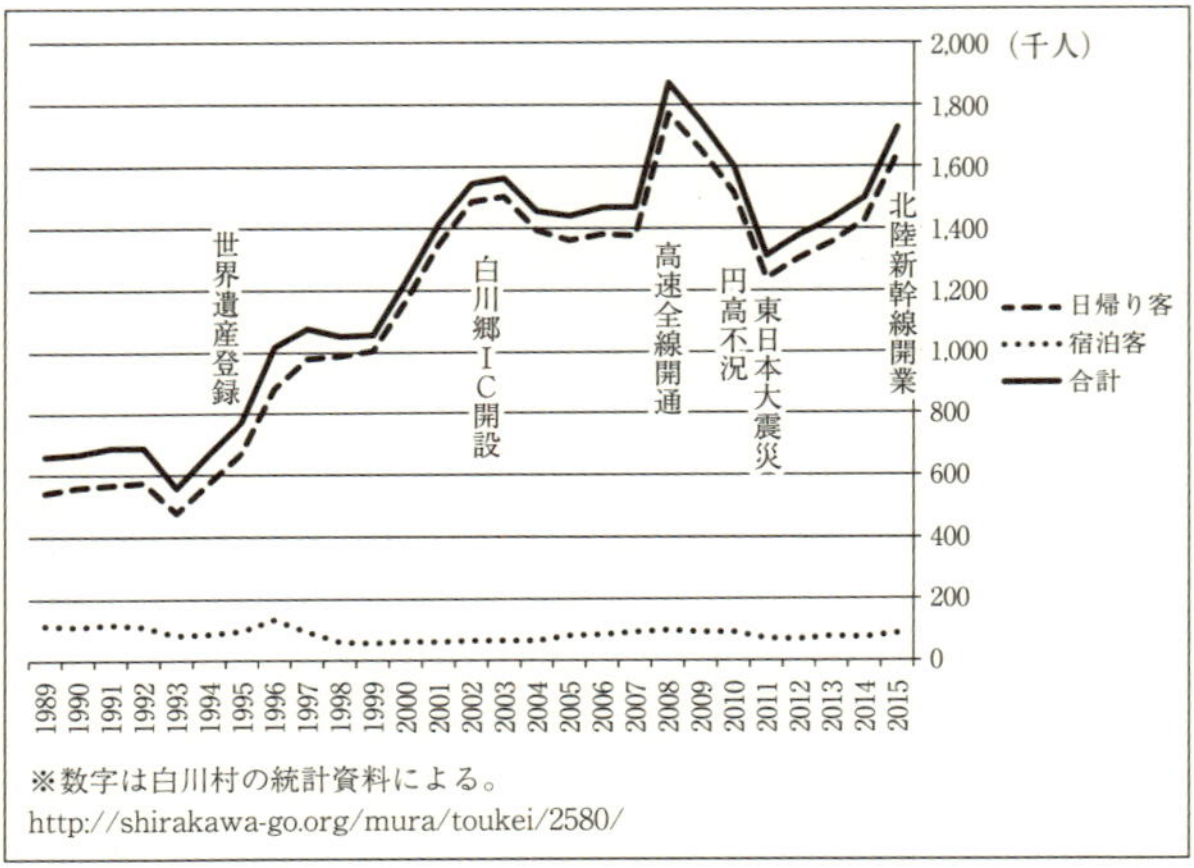

図 2-2　白川村の観光客数推移。観光客数は交通の整備や景気といった外的要因に左右されるものの、それを除けば一貫して増加傾向にあることがわかる

空き家になったまま朽ちてしまったりして、1945年には約300棟あった合掌造り民家も高度成長期の終わりには半減している。

ところが1970年に近在の村の2つの集落が国の史跡となったことで地元でも歴史を守ろうという動きが生じ、1976年には中心部の荻町集落が、改正された文化財保護法の重要伝統的建造物群保存地区（以下「重伝建地区」）として国に選定された。以降、合掌造り民家については「売らない、貸さない、壊さない」の三原則を掲げて保存活動を続けている。

観光客が急増したのに対して白川村の人口はけっして増えているわけではないが、それでも村で新たな移住者を募るなどした結果、少子高齢化には一定の歯止めがかかっており、小中学校に通う子供の数はほぼ横ばいの状況だ。これは近隣の町村部と比較すると、大健闘といえる数字である。また2008年に東海北陸自動車道が全線開通したことで高校生も外部に下宿する必要がなくなり、村に若い活気が戻ってきた。

それまでの農業や林業が中心の村が観光主体の地域へと変わっていくことに抵抗を感じる人はいるものの、新たに起業する人が増えることで村は確実に活性化しており、白川村における重伝建地区による保存政策の導入は、大都市から離れた地域としては大きな成功といえるだろう。

白川村での観光におけるソフト面は、保存されている伝統的な住居を利用した民宿の経営である。観光客は、村人の日常の暮らしという、観光客にとっては非日常的な行為を、民宿に泊まることによって楽しむことができる。その他に、集落の民家の屋根を村民の共同で葺き替える「結《ゆい》」と呼ばれる作業をイベント化したり、どぶろく祭りを開催したり、様々な工夫をして、単に集客をするだけでなく、何度も村を訪問してくれるリピーターを確保している。

沖縄県竹富町（竹富島）

石垣島の南西6キロメートルほどのところにある竹富島も沖縄の原風景を残す島として人気を高め、1970年代から減っていた人口が上向きに転じるなど、不便な離島では考えられないような成果をあげている。

もともと竹富島には琉球石灰岩の石垣、赤瓦の屋根、ふく木の防風林といった沖縄の伝統的な集落の景観が残っていたが、やはり文化財保護法の改正によってこれらが保護の対象になる制度ができたことで保存運動が起き、１９８７年、県内で初めての重伝建地区に選定された（全国では24番目）。

竹富島の場合も歴史的な町並みだけに頼るのではなく、地域全体の雰囲気に親しむような様々な工夫をすることで観光をより楽しめるようにしている。有名なのは水牛車による島内周回だが、赤瓦の屋根を撮影しやすいように「なごみの塔」と呼ばれる高さ4・5メートルの建物を観光客に開放していた（現在は取り止め）のもいいアイデアだったと思う。平家の落ち武者が城を築いた跡といわれる赤山丘の上にあるなごみの塔は、もともと拡声器などで住民への連絡をする行政上の施設だった。

沖縄の島はどこも美しいビーチで観光客を集めているが、竹富島はそこに「歴史も楽しめる」という個性を加えることで差別化に成功した。観光開発としては理想のケースといえるだろう。

＊竹富町観光協会　http://www.painusima.com/taketomijima

白川村、竹富島ともに、川越と並ぶ日本有数の名だたる観光地である。その成功は、歴史的建造物や町並みの質の高さがもたらしたもので、そもそも集客できるような良好な素材がそろっていたことによるからだと、読者の方は思われるかもしれない。そこで以下では、ほとんど観光地として知られていないところでも、歴史的建造物や町並みの保存活用への投資によって成功がもたらされている事例を紹介しておく。

福岡県八女市（八女福島）

八女と聞いて、少し詳しい方なら、「八女茶」は思い出すかもしれないが、歴史的建造物や町並みが思い浮かぶ人は少ないはずだ。八女市の中心部である八女福島の旧往還道路沿いには、江戸、明治、大正、昭和初期の伝統様式の商家が130軒近く連なっており、その多くは「居蔵造り」と呼ばれる地域特有の形式を持つ重厚な町家である。2002年に重伝建地区に選定されている。

図2-3　八女市八女福島の町並み

大きな特徴は、今でも茶屋、味噌屋、和菓子屋、酒造店、仏壇店、提灯店、日用雑貨店、蒲鉾店などが営業をしており、販売だけでなく製造も行っていて、実際に町歩きをしながら地場産業の歴史や生業を体感できる点だ。福岡市から鉄道や自動車で1時間ほどの距離ということもあって、日帰りのできる観光地として人気が高まっているだけでなく、ここ10年程、新しく移り住んできた若い人たちによって宿泊施設やカフェ・飲食店、雑貨屋、木工アトリエ、セレクトショップなどの店が40軒ほど開業した。伝統的な商店街にこれらの新業態が加わることで、ますます観光地としての価値が高まってきており、いい循環が生まれているようだ。その結果、「古い町家に住んでみたい」と移住を希望する人がさらに多くなり、現在では地区内で空き家になる町家を待っている状態となっているという。

八女福島の場合、八女町家再生応援団や八女町並みデザイン研究会といったまちづくり団体が積極的に活動して環境の保持に努めているだけでなく、八女空き家再生スイッチというＮＰＯ団体が移住や体験宿泊のサポートをしており、このような多様な取り組みが町の活性化につながっているようだ。また、福岡県でも県内の様々なエリアへの移住や定住を支援する制度を設けており、そのことも八女人気の後押しになっている。

そのなかでも、功を奏したものとして特筆すべきは、前記したような職人の商売と技を、町並みのなかで上手く活かしたことだ。八女では、商業が盛んではあったが、製造を行う職人の作業場は家の裏手にあり、通りから見ることはできなかった。そこで、ＮＰＯ団体が呼び掛け、職人たちが空き店舗となった通りに面した店の部分で、作業や実演を行う店も出てきた。そのことで、来訪者と職人がコミュニケーションを取りやすくなることに加え、街中でお互いの作業を知らなかった職人どうしが知り合うきっかけにもなり、コラボレーションによる新たな生産品もいくつか生まれ始めた。そうした職人たちとのコラボレーションに魅力を感じた芸術家をはじめ、異業種の若者たちが除々に集まってきているところである。

なお、八女市内では中心部から10キロメートルほど山間に入った黒木地区にも八女福島と同様に、「居蔵造り」の重厚な町家が数多く残っている。同地区は、町家群が残るだけでなく、矢部川の堰や木橋、町中を流れる水路、矢部川対岸の棚田などによってつくられる風景が評価され、市内で二カ所目の重伝建地区に選定されている。

＊NPO法人 八女空き家再生スイッチ「八女町家ねっと」 http://yame-machiya.net/

＊福岡県 移住・定住ポータルサイト 福がお～かくらし http://ijuu-teijuu.pref.fukuoka.lg.jp/

秋田県横手市（増田町）

４００年以上の歴史をもつ「かまくら」で有名な横手市だが、その南部に位置する増田町は主要な街道から外れた農村部の在郷町で、りんごの産地、釣りキチ三平で知られる漫画家矢口高雄の出身地という以外には、観光的にはその存在はほとんど知られていなかった。主要街道から外れてはいるが、山形県、宮城県、岩手県に通じる街道が集結する場所にあり、明治以降の近代には煙草や鉱山等による富がもたらされたこともあって、狭い範囲に江戸時代以来の町割りが残り、そこに規模の大きな伝統的な民家が密集して残っていて、個性的な風景を保っている。

これらの伝統的な民家や町並みを活かして観光地化を目指す動きが始まったのは２００５年ごろと、けっして古いことではない。町内で有数の商家が空き家になったため、稲庭うどんを製造する老舗の

図2-4　横手市増田町（年に1回の内蔵公開イベントの様子）

ひとつが、それを利用して食事を楽しめる集客施設として2005年に公開したことである。この家の蔵の室内が総漆塗であったため、施設は「漆蔵資料館」と名付けられた。秋田の稲庭うどんは非常に著名だが、発祥の地である「稲庭」自体は交通の便もさほど良くなく、町自体も観光地としては力を入れていない。それが幸いして、製造する老舗が、稲庭に近い増田町に店舗兼資料館を開いてくれたのである。

この漆塗の蔵は、普段は家の中にあり見えない建物で、地域では「内蔵」と呼ばれている。「漆蔵資料館」の開館がきっかけとなり、市民団体がこの地に特有の「内蔵」が多数残されていることを発見し、それが残る光景を紹介した写真集『増田の蔵』を増田町文化財協会から同じ2005年に出版し、それが話題を呼んだ。そうしたなか、商家のひとつ佐藤又六家が同年に国の登録有形文化財に登録され、常時公開を行うようになった。さらに、翌2006年に市民団体は市と協力して、内蔵の所有者の理解を得て、年1回内蔵の一般公開を行う「蔵の日」（現在は「蔵史《くらし》めぐり」として実施）というイベントを開始した、その後、次々に地区内の内蔵が国の文化財として登録され、公開を行う家も増えていった。

２００５年、増田町は合併により横手市に編入されたが、市は文化財保護法による伝建地区の導入を進めることを決定し、２０１０・２０１１年度に保存対策調査を行った（※）。２０１３年には、JR東日本の秋田キャンペーン（※）で増田町の町並みが取り上げられることとなり、東京都内に増田町の風景がポスターで紹介されている。そして、２０１３年末には、国の重伝建地区に選定されることになった。

こうした一連の動向のなかで、市の支援によって町並みを形成する歴史的建造物の保存・活用が徐々に進み、それにより週末等に町並みを歩く観光客も目立ち始めた。蔵の日に集まる観光客も当初の10倍以上に増え、その結果、地元の資本によって、空いていた商家や店舗を使って新たなカフェや飲食店が次々に開業したほどだ。最近では、カフェや飲食店を目当てに町を訪問する観光客も増えてきており、その訪問客が食事の前後に街中を散策するなど、良い循環が生まれ始めている。

＊増田町観光協会：http://masudakanko.com/

兵庫県篠山市集落丸山

兵庫県中東部の篠山市は丹波の里として豊かな自然環境で知られる。篠山城下に発達した町の広い範囲に古い商家や町家が残り、２００４年に重伝建地区に選定された。丸山集落は、同地区から５キ

図 2-5　篠山市集落丸山

ロメートルほど北に行ったところに位置する。
　篠山の街中で新たな起業を支援しているのが、民間の公益法人である一般社団法人ノオト（ＮＯＴＥ）である。その様々な活動のなかでも、空き家活用事業は大きな成果をあげている。現在まで空き家となった建物30棟を改修して20店舗の事業者マッチングを実施、古民家の宿や里山旬菜料理店、イタリア家庭料理店、アンティーク雑貨店などがすでに開業し、関西の主要都市からのアクセスがいいこともあって人気が高まっている。空き家の活用に伴って、若手事業者の移住につながり、食文化やクラフト産業などの新しい雇用や産業の創出にもつながっている。
　丸山集落には12軒の母屋があるが、２００７年には、そのうちの７軒が空き家となり、いわゆる限界集落化していた。しかし、ノオトの熱心な活動の結果、現在、空き家は3軒に減少しており、さらには休耕田化していた田畑もオーガニック産品を生産する田畑としてよみがえっている。
　ノオトの中心的メンバーの金野幸雄氏によると、古民家の再生は新築で施設を用意するよりも投資額が少なくてすむという。さらに、低コストで改修工事を行うことにより、かえって古民家の良い部分（例えば、古い土壁や土間）を残すことにつながり、施設としての魅力を高めることになったという。

こうした事業を行うことへの最大の課題は建築基準法や旅館業法といった法律の規制で、古民家のような歴史的建造物の改修を念頭においていない現行の法制度の様々な規制をいかにクリアするかが課題となっているという。こうした規制に対して、ノオトでは国家戦略特区の制度を利用したり、国や自治体に対して制度改正を働きかけることで、歴史的建造物が容易に活用できるように活動を行っている。

＊一般社団法人ノオト：http://plus-note.jp/index.html
＊移住定住の相談窓口「篠山暮らし案内所」：http://classo.jp/

■ハードとソフトの両立が地域を活かす

ここで紹介した成功事例に共通しているのは、地域に残る歴史的建造物を、単体ではなく群として扱い、複数棟に投資を行い積極的に保存・活用しているという点だ。また、歴史的建造物と書いたが、そのほとんどは、地域の人にとってみれば、日常的に存在する普通の家である。そうした、地域の日常が、観光客にとっての非日常となり、観光客の人気を集め、その結果として、新たな起業や定住による活性化が生まれ、人口減少や少子高齢化に歯止めをかけるところにまでつながっているところも

表 2-1　重要伝統的建造物群保存地区一覧

平成 27 年（2015 年）7 月 8 日現在

番号	都道府県	地区名称等	種別	選定年月日	選定基準	面積(ha)
1	北海道	函館市元町末広町	港町	平 1. 4.21	3	14.5
2	青　森	弘前市仲町	武家町	昭 53. 5.31	2	10.6
3	青　森	黒石市中町	商家町	平 17. 7.22	1	3.1
4	岩　手	金ケ崎町城内諏訪小路	武家町	平 13. 6.15	2	34.8
5	宮　城	村田町村田	商家町	平 26. 9.18	1	7.4
6	秋　田	横手市増田	在郷町	平 25.12.27	2	10.6
7	秋　田	仙北市角館	武家町	昭 51. 9. 4	2	6.9
8	福　島	下郷町大内宿	宿場町	昭 56. 4.18	3	11.3
9	福　島	南会津町前沢	山村集落	平 23. 6.20	3	13.3
10	茨　城	桜川市真壁	在郷町	平 22. 6.29	2	17.6
11	栃　木	栃木市嘉右衛門町	在郷町	平 24. 7. 9	2	9.6
12	群　馬	桐生市桐生新町	製織町	平 24. 7. 9	2	13.4
13	群　馬	中之条町六合赤岩	山村・養蚕集落	平 18. 7. 5	3	63
14	埼　玉	川越市川越	商家町	平 11.12. 1	1	7.8
15	千　葉	香取市佐原	商家町	平 8.12.10	3	7.1
16	新　潟	佐渡市宿根木	港町	平 3. 4.30	3	28.5
17	富　山	高岡市山町筋	商家町	平 12.12. 4	1	5.5
18	富　山	高岡市金屋町	鋳物師町	平 24.12.28	1	6.4
19	富　山	南砺市相倉	山村集落	平 6.12.21	3	18
20	富　山	南砺市菅沼	山村集落	平 6.12.21	3	4.4
21	石　川	金沢市東山ひがし	茶屋町	平 13.11.14	1	1.8
22	石　川	金沢市主計町	茶屋町	平 20. 6. 9	1	0.6
23	石　川	金沢市卯辰山麓	寺町	平 23. 1.29	2	22.1
24	石　川	金沢市寺町台	寺町	平 24.12.28	2	22
25	石　川	輪島市黒島地区	船主集落	平 21. 6.30	2	20.5
26	石　川	加賀市加賀橋立	船主集落	平 17.12.27	2	11
27	石　川	加賀市加賀東谷	山村集落	平 23.11.29	3	151.8
28	石　川	白山市白峰	山村・養蚕集落	平 24. 7. 9	3	10.7
29	福　井	小浜市小浜西組	商家町・茶屋町	平 20. 6. 9	2	19.1
30	福　井	若狭町熊川宿	宿場町	平 8. 7. 9	3	10.8
31	山　梨	甲州市塩山下小田原上条	山村・養蚕集落	平 27. 7. 8	3	15.1
32	山　梨	早川町赤沢	山村・講中宿	平 5. 7.14	3	25.6
33	長　野	塩尻市奈良井	宿場町	昭 53. 5.31	3	17.6
34	長　野	塩尻市木曾平沢	漆工町	平 18. 7. 5	2	12.5
35	長　野	千曲市稲荷山	商家町	平 26.12.10	2	13
36	長　野	東御市海野宿	宿場・養蚕町	昭 62. 4.28	1	13.2
37	長　野	南木曽町妻籠宿	宿場町	昭 51. 9. 4	3	1245.4
38	長　野	白馬村青鬼	山村集落	平 12.12. 4	3	59.7
39	岐　阜	高山市三町	商家町	昭 54. 2. 3	1	4.4

40	岐　阜	高山市下二之町大新町	商家町	平 16. 7. 6	1	6.6
41	岐　阜	美濃市美濃町	商家町	平 11. 5.13	1	9.3
42	岐　阜	恵那市岩村町本通り	商家町	平 10. 4.17	3	14.6
43	岐　阜	郡上市郡上八幡北町	城下町	平 24.12.28	3	14.1
44	岐　阜	白川村荻町	山村集落	昭 51. 9. 4	3	45.6
45	静　岡	焼津市花沢	山村集落	平 26. 9.18	3	19.5
46	愛　知	豊田市足助	商家町	平 23. 6.20	1	21.5
47	三　重	亀山市関宿	宿場町	昭 59.12.10	3	25
48	滋　賀	大津市坂本	里坊群・門前町	平 9.10.31	3	28.7
49	滋　賀	近江八幡市八幡	商家町	平 3. 4.30	1	13.1
50	滋　賀	東近江市五個荘金堂	農村集落	平 10.12.25	3	32.2
51	京　都	京都市上賀茂	社家町	昭 63.12.16	3	2.7
52	京　都	京都市産寧坂	門前町	昭 51. 9. 4	3	8.2
53	京　都	京都市祇園新橋	茶屋町	昭 51. 9. 4	1	1.4
54	京　都	京都市嵯峨鳥居本	門前町	昭 54. 5.21	3	2.6
55	京　都	南丹市美山町北	山村集落	平 5.12. 8	3	127.5
56	京　都	伊根町伊根浦	漁村	平 17. 7.22	3	310.2
57	京　都	与謝野町加悦	製織町	平 17.12.27	2	12
58	大　阪	富田林市富田林	寺内町・在郷町	平 9.10.31	1	11.2
59	兵　庫	神戸市北野町山本通	港町	昭 55. 4.10	1	9.3
60	兵　庫	豊岡市出石	城下町	平 19.12. 4	2	23.1
61	兵　庫	篠山市篠山	城下町	平 16.12.10	2	40.2
62	兵　庫	篠山市福住	宿場町・農村集落	平 24.12.28	3	25.2
63	奈　良	橿原市今井町	寺内町・在郷町	平 5.12. 8	1	17.4
64	奈　良	五條市五條新町	商家町	平 22.12.24	1	7
65	奈　良	宇陀市松山	商家町	平 18. 7. 5	1	17
66	和歌山	湯浅町湯浅	醸造町	平 18.12.19	2	6.3
67	鳥　取	倉吉市打吹玉川	商家町	平 10.12.25	1	9.2
68	鳥　取	大山町所子	農村集落	平 25.12.27	3	25.8
69	島　根	大田市大森銀山	鉱山町	昭 62.12. 5	3	162.7
70	島　根	大田市温泉津	港町・温泉町	平 16. 7. 6	2	36.6
71	島　根	津和野町津和野	武家町・商家町	平 25. 8. 7	2	11.1
72	岡　山	倉敷市倉敷川畔	商家町	昭 54. 5.21	1	15
73	岡　山	津山市城東	商家町	平 25. 8. 7	1	8.1
74	岡　山	高梁市吹屋	鉱山町	昭 52. 5.18	3	6.4
75	広　島	呉市豊町御手洗	港町	平 6. 7. 4	2	6.9
76	広　島	竹原市竹原地区	製塩町	昭 57.12.16	1	5
77	山　口	萩市堀内地区	武家町	昭 51. 9. 4	2	55
78	山　口	萩市平安古地区	武家町	昭 51. 9. 4	2	4
79	山　口	萩市浜崎	港町	平 13.11.14	2	10.3
80	山　口	萩市佐々並市	宿場町	平 23. 6.20	2	20.8
81	山　口	柳井市古市金屋	商家町	昭 59.12.10	1	1.7

82	徳　島	美馬市脇町南町	商家町	昭 63.12.16	1	5.3
83	徳　島	三好市東祖谷山村落合	山村集落	平 17.12.27	3	32.3
84	香　川	丸亀市塩飽本島町笠島	港町	昭 60. 4.13	3	13.1
85	愛　媛	西予市宇和町卯之町	在郷町	平 21.12. 8	2	4.9
86	愛　媛	内子町八日市護国	製蝋町	昭 57. 4.17	3	3.5
87	高　知	室戸市吉良川町	在郷町	平 9.10.31	1	18.3
88	高　知	安芸市土居廓中	武家町	平 24. 7. 9	2	9.2
89	福　岡	八女市八女福島	商家町	平 14. 5.23	2	19.8
90	福　岡	八女市黒木	在郷町	平 21. 6.30	3	18.4
91	福　岡	うきは市筑後吉井	在郷町	平 8.12.10	3	20.7
92	福　岡	うきは市新川田篭	山村集落	平 24. 7. 9	3	71.2
93	福　岡	朝倉市秋月	城下町	平 10. 4.17	2	58.6
94	佐　賀	鹿島市浜庄津町浜金屋町	港町・在郷町	平 18. 7. 5	2	2
95	佐　賀	鹿島市浜中町八本木宿	醸造町	平 18. 7. 5	1	6.7
96	佐　賀	嬉野市塩田津	商家町	平 17.12.27	2	12.8
97	佐　賀	有田町有田内山	製磁町	平 3. 4.30	3	15.9
98	長　崎	長崎市東山手	港町	平 3. 4.30	2	7.5
99	長　崎	長崎市南山手	港町	平 3. 4.30	2	17
100	長　崎	平戸市大島村神浦	港町	平 20. 6. 9	2	21.2
101	長　崎	雲仙市神代小路	武家町	平 17. 7.22	2	9.8
102	大　分	日田市豆田町	商家町	平 16.12.10	2	10.7
103	宮　崎	日南市飫肥	武家町	昭 52. 5.18	2	19.8
104	宮　崎	日向市美々津	港町	昭 61.12. 8	2	7.2
105	宮　崎	椎葉村十根川	山村集落	平 10.12.25	3	39.9
106	鹿児島	出水市出水麓	武家町	平 7.12.26	2	43.8
107	鹿児島	薩摩川内市入来麓	武家町	平 15.12.25	2	19.2
108	鹿児島	南九州市知覧	武家町	昭 56.11.30	2	18.6
109	沖　縄	渡名喜村渡名喜島	島の農村集落	平 12. 5.25	3	21.4
110	沖　縄	竹富町竹富島	島の農村集落	昭 62. 4.28	3	38.3
合計　43 道府県 90 市町村 110 地区						3,787.90

重要伝統的建造物群保存地区選定基準

1. 伝統的建造物群が全体として意匠的に優秀なもの
2. 伝統的建造物群及び地割がよく旧態を保持しているもの
3. 伝統的建造物群及びその周囲の環境が地域的特色を顕著に示しているもの

※文化庁資料から作成

http://www.bunka.go.jp/seisaku/bunkazai/shokai/hozonchiku/judenken_ichiran.html

あるということだ。

スタートとなっているのは、いずれも観光需要の掘り起こしだ。外からの訪問者が増えることで地域に活気が生まれ、地域全体が元気になっていく。観光需要を生んでいるのは、複数棟に投資することにより、町全体の雰囲気が良くなったこと、並びに、そのなかに魅力ある歴史的建造物があることで、滞在時間が増えているためだ。それに加えて、町の雰囲気を良くして魅力を高めているのは、地区のなかにある宿泊施設、飲食店、生産施設や、そこで行われる生業の営み、人々の生活といったソフトである。これらのソフトは、観光需要によって復活しているのだが、観光需要だけで成り立ってはいない。地域が元気を失っていくなかで減少、消滅していたものが、地域が元気を取り戻すことで、本来地域にあった需要を取り戻したような形である。その証拠に、八女福島や増田の施設は、地域の人で賑わっている。

先に記した通り、観光の専門家は、観光における成功の必要条件に、ハードとソフトがそろって、両者のバランスがとれていることをあげるが、まさにその通りだ。

文化庁関係者に言わせれば、そのソフト面を認定し支援するのが「日本遺産」だということなのだろうが、そもそもソフトは、日本遺産のように国が自治体の取り組みを選定するといった上から目線の方法で定着するものではないはずだ。ソフト面は、各事例をみればわかる通り、切り口が多様で、かつ、もっと気楽なもので、地域における自治体や市民の日常の活動が継続して行われ、それが活発

図2-6　菓子屋横丁（2015年6月に発生した火災以前の風景）

化していくことによって、次第にブランドとして定着していくものだと思う。その意味で、地域が必要としているのは、ソフトの支援ではなく、それを行う場になるハードの支援であることは、すでに述べた通りである。

川越についても補足しておくなら、この町が観光地として成功した理由は、単に古い建物や町並みを残したからだけではない。蔵造りの町並みを核としながら、地域全体で小江戸の風情を楽しめるようなまちづくりを進めたことが大きかったのではないだろうか。「小江戸」というソフト面のブランドは、国の認定を受けていただいたものではないはずだ。

例えば川越の有名な観光スポットに菓子屋横丁がある。石畳の道に20軒以上の菓子屋や駄菓子屋が集まる一画はいつも客であふれ、地元の観光協会も、時の鐘、一番街（蔵造りの町並み）に続く3番目の名所として強く推しているくらいだ。

ところが菓子屋横丁は古い町並みをそのまま残したわけではないし、歴史を忠実に再現したわけでもない。たしかに明治から昭和前期にわたりこの場所には多くの菓子店があったものの、戦争による混乱や戦後の生活の変化によって店舗数は激減した。つまり歴史は、一度、途絶えているのである。それでもそんな記憶をもとに新しく菓子屋横丁をつくることで懐かしさを感じる魅力的なエリアへと変貌したのである。それは、時の鐘や蔵造りの町並みといった本物の歴史遺産と組み合わせることで発揮されるマジックのようなものだ。

こうしたこともあって、政府は古民家の観光活用への支援強化を「官民ファンドを整備する」などの手法によって行うことを、2016年11月に発表した（背景には、ノオトの成功が強く意識されている）。そして、首相官邸の政策会議として「歴史的資源を活用した観光まちづくりタスクフォース」を設置し、議論を重ねている。また国土交通省では、観光地に残る歴史的建造物を整備し、地区ごとに景観を整えようとする自治体に補助を行い、観光による地域活性化を促す「景観観光モデル地区事業（仮称）」を、2017年度から開始する予定である。こうした支援や事業は、すでに知られた観光地だけではなく、多くの地域で使えるようにしてもらいたいものだ。

高齢化や少子化にともない、地域間競争が激しくなるなかで、生き残りをかけて、地域が個性や独自性をもてるかどうかが問われている。小さな市町村ほど、その問題は切実である。地域が将来にわたって持続できるかどうか、その元気を保つ薬として役立つのが観光であることは間違いないが、大規模集客施設の整備やソフトの売り込みといった即効性が高い薬やお金のかからない薬に頼るばかりでは、個性や独自性を持つことにはつながらず、その効果は、いわば知れたものであろう。

本当の元気を回復するためには、地道に体質を改善する薬のように、継続して地道に投資を続け、それを個性や独自性に結び付けていくことが必要だ。歴史的建造物や町並みの保存活用への投資は、そのひとつとなり得るものである。その方向にハンドルを切れるかどうか、市町村の決断が今まさに問われている。その決断が実行できるかどうかは、歴史的建造物の所有者はもちろんのこと、地域の将来を左右する共有財産として、多くの住民がその保存活用に関心をもてるかどうかにかかっているのではないだろうか。

まさに「ローマは一日にして成らず」なのである。

■ハンズ・オンとコミュニケーションで生き残れ

観光によって交流人口を増やすためには、大勢の観光客に来訪してもらうのはもちろんだが、それよりも、同じ観光客に何度も足を運んでもらうこと、つまりリピーターになってもらうことが非常に重要である。

リピーターを生むという点では、観光とは別の分野ですでに優れた研究成果があるので、それが参考になると思う。それは、博物館を事業として成功させるヒントを示し、一時期、話題になった『ハンズ・オンとこれからの博物館――インタラクティブ系博物館・科学館に学ぶ理念と経営』という書籍だ。

著者であるティム・コールトンがこれからの博物館に必要なものとして挙げているのは、ハンズ・オンとコミュニケーションという2つのキーワードである。ハンズ・オン（Hands-on）とは文字通り手で触れるという意味で、目で見るだけでなく「触れて、感じて、遊んで」といったインタラクティブな体験を通して情報にコミュニケートしていく施設こそがリピーターを生み、博物館として成功すると指摘している。一方、コミュニケーションについては単に情報を与えればいいのではなく、人との触れ合いによる交流を重視している。例えば、最近の博物館では機械を使った音声ガイドが増えているが、これもできれば学芸員やボランティアガイドなどによる口頭の説明のほうがいい。伝達効果が高いだけでなく、来館者に強い印象を与え、リピーターになる可能性が増えるからだ。

そして、この2つのキーワードは、観光で地域を活性化していく場合でも有効だと思う。ハンズ・オンは歴史的建造物や町並みを見学し、その地域の歴史や文化を実体験することだ。したがって、ただ古い建物を残すだけでなく、その中で物語を楽しめたり、生活の一部でも経験できたりすれば(例えば、簡単なことでは食事をできるようにするとか)、観光客は「非日常」を味わうことができ、強い印象が残るはずだ。また歴史的建造物がひとつあるだけでは効果は低く、やはり地域に複数存在し、個性的な町並みを構成しているほうが体験の幅も広がる。

コミュニケーションという点では、建造物や町並みを体験した延長で、地域の人との触れ合いがどれだけあるかが重要だ。建物の内外で住民たちと気軽に会話ができたり、歴史や文化を感じたまま買い物や飲食のできたりする場所が周囲に広がっていれば、一度ならず二度や三度も訪れたいと思うものである。まして、訪問先に友達ができたような感覚になってもらえれば、その人はその場所を何度も訪問してくれるはずだ。

■文化財がなくても地域の魅力を生む界隈性

歴史的町並みなどにおいて魅力ある体験ができることを示すもうひとつのキーワードとして、建築の分野では「界隈性」という言葉を使う。界隈性とは、地元商店街の賑わいや生業の活気といった生活感あふれる様子を感じさせる個性的な町並みの雰囲気などを表現する単語で、少し難しい言い方をするなら「個々の非合理的条件が全体としては合理的にまとまっているような状態」と解説される。

最近、新宿のゴールデン街や思い出横丁を訪れる外国人観光客が増えているという。同じような現象は各地の古い飲み屋街でも起きているのだが、これは、まさに界隈性の効果を実証したものだ。「ちょっと古い建物」が町並みを形成するほど集中して残っていて、そこに昔ながらの生業があれば強烈な個性となり、外部からの人を引き寄せる力を発揮するのである。

界隈性についてもうひとつ重要なことは、ゴールデン街や思い出横丁などを思い出してもらえばわかるように、それほど長い歴史を必要としない点だ。もちろん「古さ」は魅力につながるが、だからといって国宝や重要文化財級の歴史的建造物がなくても観光地になれる。

図 2-7　界隈性が感じられる風景（山形県新庄市あけぼの町飲食店街）

となると、実は日本のほとんどの町に、界隈性を発揮できる場所は存在するのである。ぽつぽつと古い建物が残っているところであれば、それらをつないで散策できるような整備をするだけで、街歩きが楽しくなる。

残念なのは、多くの人が自分たちの住む地域の潜在的な魅力に気がついていないということだ。あまりに日常的な風景なので、「磨けば光る」建物も「古くて汚い」としか感じない。

少しでも早く誰かが発見し、町ぐるみで活用のための運動ができるようになればいいのだが、なかなか難しく、そうこうしているうちに古い建物はどんどん壊されていくから、多くの地域では界隈性すら消え去ろうとしている。

■効率的にブランド化するための集中的な投資

界隈性が残っているところは良いが、失われそうなところを甦らせるには、その場所で「磨けば光る」古い建物を使えるように直したり、駐車場になって町並みが歯抜けになって界隈性を失っているような場所に、周辺の雰囲気にあうものをつくったりするなど、継続して集中的な投資が必要になる。こうしたアクションを地方公共団体で取ろうとすると、必ずおきるのが「なぜあの地区だけに」「なぜあの商店街だけに」といった批判と議論である。この声をまともに聞くと、すべての地区、すべての商店街に均等にお金を使わなければならなくなって、魅力のある場所の魅力を取り戻すのが遅れ、もしかすると気がつかずに壊すスピードが速く、結局効果をあげることができずに終わってしまう可能性もある。したがって、地域にブランドを生むなら、場所を選択し、そこに投資を集中する「選択と集中」の覚悟が地方公共団体には必要になる。

一方、ブランド化がある程度成功してくると、まったく逆の現象も発生する。住宅は店舗にかわり、人が住む家が減ってくる。家をお店に貸して、自分は別の場所に暮らす人も出てくる。また、観光客のような多くの来訪者がある歴史的建造物や町並みが、人が暮らしやすい場所かといえば、微妙なところだ。なぜなら、観光で人が訪問するようなところは、観光客による観光公害が発生するからだ。歴史的町並みに暮らす人たちから、観光客に勝手に扉を開けられて迷惑したといった話は、しばしば聞かされるところだ。これは世界各国共通の課題でもある。

そのため、歴史的町並みの保存活用における観光客への対応は、計画的に対処すべき重要な事項とされている。例えば、白川村のような大勢の観光客が訪問する歴史的町並みでは、観光公害に対応するべく、観光客の歩きやすい場所をつくったり、町のなかに公衆便所をつくったり、見やすい場所に注意書きを掲示したりといった具合に、様々な工夫を行っている。個人的には、八女福島や増田のように、週末に観光客が来訪するぐらいが、適度な観光の状況だと思うが、観光客の行動や動向は制御のしようがないので、「言うは易く、行うは難し」である。

観光客への対処法はさておき、歴史的建造物や町並みがあるところがブランド化して、人が集まり「地域の価値」が高まるのは、必ずしも建造物や町並みでなりわいが生まれるからだけではない。むしろ、なりわいが生まれ人が集まることで、そこに賑わいが生まれる。賑わいのある場所には、行きたい店や食事をしたい店ができ、そうした店の近くで「暮らしたい」と人が思う場所になるからである。

「地域の価値」を高めようとするなら、地域全体に分散してまんべんなく投資を行うよりも、むしろ集中して投資を行い、賑わいのある場所を創出することや、人が暮らす場所と外来者が訪問する場所を分けて、上手く人の賑わいを誘導する形で投資を行うことが、効率的に価値を高めることになる。その意味でも、公共の役割やその介入の方法が大事なのである。

■「時代の積層」が歴史的価値を強調する

界隈性による魅力を考えても、単体の建物に対して投資を行うより、複数の建物を群としてとらえ、投資を行う方が有効だ。

ただし、たくさんのお金を投資したからといって結果が良くなるとは限らない。やりすぎて建物をピカピカにしてしまうと、せっかくの生活感が失われてしまい、界隈性は失われてしまうからだ。やりすぎた例としては、例えば町並みをまるで映画のセットのようにしてしまったケースがある。これだと、本物の歴史か嘘の歴史かわからなくなり、観光客を混乱させるだけである。

上手な整備は、あえてバラバラさ加減を残す方法だ。これは理に適っていて、同じ形の建物が並んでいる町でも、住んでいる人や営んでいる業種によって徐々に風合いは変わってくるものだ。そして、長い歴史があるほど差異は広がっていくのだから、それをなくしてしまったら本末転倒なのである。

このあたりがわからず、「古い町並みを整備して観光客を呼ぼう」と、町家の1階正面をすべて同じような格子戸にしてしまったところがあるが、もったいない話だ。家によって構えが違うほうが何倍も魅力的だということに気づいてほしい。

歴史的建造物や町並みの保存では、しばしば復原が重視される。保存の専門家と称する人にこの傾向が顕著である。ところが復原にこだわりすぎると、建物の姿がある時代の形に統一され、まるで時間がとまったようになってしまう。特に「建てられたときの状態」に戻そうとすると画一的な町並みになってしまい、つまらない。それでは新築の建売住宅が並んでいるのと同じだからだ。

推奨されるのは、いろいろな時代の建物が交じり合って一様でない状況をむしろ活かした形の整備である。専門家の間では、これを「時代の積層」を尊重した整備と呼んでいる。

このように考えてみると、界隈性を生む力になっている建物は、歴史・文化というほどの由緒・来歴を持つものではないが、一定の時間の経過がもたらした「時間の積層」といえるのではないだろうか。しばしば、お金で手に入れられないものとして「時間」が挙げられるが、歴史・文化がもたらす魅力と同様に「界隈性」も時間が生み出した代表的な産物なのである。

■エイジングによる価値向上も考えるべき

映画に使われる舞台セットのようなものは、新しい素材に色を付けることなどによって、見事に古い時代のものにみえるように作られていることがある。このように、建物を古くみせる手法を、専門家は「エイジング」を施すという。

化粧品で肌つやなどを保つときにエイジングケア、アンチエイジングといった語が使われているので、「エイジング」という語を聞いたことがある一般の人も、特に女性には多いと思う。化粧品では年老いてみえないようにエイジングを制御することが重要だが、歴史的建造物では修復時にピカピカにしすぎて時間の経過がみえなくなってしまうと風情を失ってしまうので、エイジングを残したり、施したりすることが重要となる。

歴史的建造物の修復においては、どの程度エイジングを重視するかが、しばしば話題になる。色あせて風情があった建造物が、修復が終わってみると、ぴかぴかに見えたり、極彩色に再現されていたといったことはしばしばあり、この場合はエイジングを重視しなかったということになる。

日本の国宝・重要文化財といった文化財建造物の保存修理では、古い木材の再利用には熱心だが、それ以外の部分については、時間が経過したものを重視することは少ない。とくに、エイジングについては、新しく加えた部材に色を付けて古い木材と色をあわせることがある他は、ほとんど重視されていない。ハードに加えてソフトを重視することと同様に、時間がもたらす価値を重視するという観点から、エイジングに対する評価についても一定の見直しも必要ではないかと思われる。

※デービッド・アトキンソン　１９６５年生まれ。オックスフォード大学で日本学を学び、国際的なコンサルティング会社で経営の経験を積んだのちに来日。現在は国宝級の日本の文化財の修理・施工を行う小西美術工藝社の会長兼社長を務める一方、『イギリス人アナリスト 日本の国宝を守る』『イギリス人アナリストだからわかった日本の「強み」「弱み」』『国宝消滅』などの著書で日本社会への様々なアドバイスを行っている。
※保存対策調査を行った　横手市増田伝統的建造物群保存対策調査（平成22年度（２０１０）～平成23年度）。
※ＪＲ東日本の秋田キャンペーン　秋田ディスティネーションキャンペーン（２０１３年10月１日（火）～12月31日（火））

コラム① 新宿ゴールデン街という魅力的なコンテンツ

幸せとはなにか。昔、新宿ゴールデン街のバーの止まり木に座って議論したことがある。

「懐かしいということではないか」

ぽつんと誰かが言って、誰もが納得した。

新宿ゴールデン街は、建築物として見れば、キッチュというのか、安っぽい映画のセットのような作りで、歴史的建造物という言葉の持つ語感からは程遠いものである。しかし、人を幸せにする懐かしさのようなものを醸し出すという点では、他の歴史的建造物に優りこそすれ、決して引けは取らない。それはそれで、歴史的建造物の一つの役割のように思える。

新宿ゴールデン街は、太平洋戦争によって焼け跡となった東京の戦後の混乱期に自然発生的に生じた闇市を起源としている。当時の新宿は、東京都淀橋区及び四谷区の行政区分であったが、その一帯にはところどころに闇市が広がっており、中でも現在の新宿駅東口の周辺には、テキヤ系暴力団の関東小津組が仕切る「新宿マーケット」が隆盛を誇っていた。新宿マーケットは、やがて、屋台を中心とした飲み屋街に変わって、「竜宮マート」と呼ばれるようになっていく。

しかし、闇市は不法占拠による一種の無法地帯であり、所詮は戦後の混乱期に咲いた仇花に過ぎなかった。戦後の混乱が収まり始める１９４９年に至り、連合国軍総司令部（ＧＨＱ）によって闇市撤廃の方針が明らかにされると、風前の灯となる。これを受けた東京都庁と警視庁から命令が出され、闇市は移転を余儀なくされる。このとき、「竜宮マート」に提供された代替地が現在の場所であったが、当時は繁華街から離れた場所であり、ほとんどの店が飲食店の名目で赤線まがいの営業をしていたという。風俗営業法の許可を取らないもぐり営業のため、俗称で青線と呼ばれていた。しかし、1958年に売春防止法が施行されて、青線営業を行っていた店はすべて廃業したため、それからは飲み屋が密集する街となり、「新宿ゴールデン街」と呼ばれるようになった。

新宿の靖国通りから区役所通りに折れて、一つ目の路地を右に入ると新宿ゴールデン街の入り口を示すゲートがある。そこから、迷路のように入り組んだ路地に足を踏み入れると、白人の観光客が多いのに驚かされる。狭い路地を行き交う客ばかりでなく、店の中をのぞいても、大柄な白人がカウンターを占領して楽しそうに座っていて、まるで屈託がない。日本人の客も若い男女が多く、明るく賑やかな街の様子はかつてのゴールデン街とはまるで違っている。こうした光景は2010年代に入ってからではないかと思う。それまでも欧米系の観光客を見かけなくはなかったが、日本人を圧倒するほどではなかった。

それでは、かつてのゴールデン街はどんな街だったか。しばらく自分の若かったころと重ね合わせながら振り返ってみよう。ゴールデン街に初めて足を踏み入れたのは、1970年代の半ば頃、22〜23歳のころだった。作家の田中小実昌さんに連れられて行ったのが最初で、威勢のいいママさんがいる『まえだ』と映画の鈴木清順監督の奥さんがやっていた『かくれんぼ』のハシゴをしたのを覚えている。そのときはそれきりだったが、ゴールデン街によく行くようになったのは、それから、1~2年して、日活の助監督をしていた伊藤さんと『ひしょう』に行ってからである。『ひしょう』は、その後社会党の代議士となる長谷百合子さんがママをしていた。当時は劇画の原作などというやくざな商売を生業にしていて、朝まで飲んでいても平気だったので、内藤陳がやっていた『深夜+1』などへもよく立ち寄ったものだ。

ゴールデン街から遠ざかった時期もある。東京を引き払って沖縄に移住したのと、帰ってきてから公認会計士試験の受験をしていた期間。しばらく足が遠のいたが、80年代後半に入って、自宅まで歩いて帰れるようになるとまた頻繁に行くようになった。『無酒』、『あけぼの』から、看板のない『くみさんの店』に寄って帰るのがいつものコースだった。くみさんの店には、中沢新一が隣に座っていたり、いいだももと岸本重陳が飲んでいて、「君は沖縄の〇〇君だろう」といってずいぶん絡まれたりもした。どの店もいい店だったが、今はあとかたもない。

新宿ゴールデン街には、コンクリート造のビルディングは一つもない。よくいわれるように土地や建物の権利関係が複雑であるために、長期的な投資ができず、老朽化した木造2階建ての建物をうわべだけ飾り立てて、実際のところそう飾り立ててもいないのだが、なんとか店にしているというところなのだろう。しかし、そのことが新宿ゴールデン街の独特の雰囲気を作り出している。そこに、つまりちゃんとした建て替えができないことにゴールデン街の独特の佇まいの秘密があると思うのだがどうだろうか。

（田中義幸）

第三章

歴史的建造物はリノベーションで蘇る

ここからは日本だけでなく海外にも目を向け、歴史的建造物を活用保存する手段のひとつとして、リノベーションの重要性について語っていきたい。

20世紀初頭から急激な工業化が進み、ビルが建ち並ぶ大都会が次々と出現していったアメリカでは、その後の経済構造や社会情勢の変化により、都心部が衰退していくケースも少なくなかった。代表的なのがミシガン州のデトロイト市だろう。自動車産業の中心地として発展し、最盛期の1950年代には約185万人の人口を誇る全米第5位の大都会だった。隆盛は1960年代まで続くものの、その後、日本車の台頭などによる国内自動車メーカーの不振により市街地の人口流出が続く。

これに対してデトロイト市では巨大ビル群の建設など様々な再生事業を実行するものの、2009年にゼネラルモーターズとクライスラーが経営破綻したことで計画は挫折、ビルに空きが目立つなど中心市街地が衰退した結果、今では全米でも有数の犯罪都市として知られるまでになってしまった。

アメリカでは都市の人口が減り市街地が衰退すると治安が行き届かなくなり、ほとんどの場合、犯罪の発生率が増加していく。すると富裕層から順に町を離れていき、スラム化が進む。当然、税収も落ち込むことから警察官を増やすことができず、状況はますます悪くなっていくのである。

デトロイトは2013年に財政破綻を声明し、未だゴールがみえない状況だ。

一方で、アメリカには再生に成功した都市もたくさんある。おもしろいのは、「人口減少→治安の悪化→さらなる人口の減少」といった負のスパイラルを止める手段として、多くの町において歴史的建造物の再生が重要なポイントになっている点だ。

ペンシルベニア州のフィラデルフィア市はアメリカの独立宣言が起草された歴史のある町として知られる。東海岸沿いでは有数の商業や海運の中心地であったため発展し、1950~1960年代には人口が200万人を超えたほどだ。

ちなみに映画『ロッキー』(1976年)の舞台であったため、ランニングのシーンなどに背景として映る美しい町並みを覚えている人も多いと思うが、今でも全米では最大の学生数を誇る学園都市であり、比較的、古い建物が多く残る、落ち着きのある町である。

ところが伝統に胡座をかきすぎたせいか、１９８０年代の半ばになると経済が後退し、人口の流出を招き、中心市街地の衰退が進んだ。特にビジネスの中心地が第二次大戦時に開発された古い工業地帯であったという近代的な都市機能の欠如もあり、多くの企業が郊外に移転して、それも中心市街地の空洞化を加速させた。

危機感をもった市では１９８８年からダウンタウン再生プランを開始した。中核となるマーケット通り沿いにオフィスの開発を集中させるとともに、その南に住居地域を確保して新たな住民の定住を促す。そして併行して進められたのが歴史的建造物の再生（保存・活用）だった。独立記念館や自由の鐘、市庁舎、ペンシルベニア大学、美術館などの有名な観光スポットに加えて町中に残る古い建物をランドマークとして有効利用することにより、オフィス開発等の再開発と町の個性を継承することの両立を図ったのである。その結果、新たな住民を確保できただけでなく、企業が戻ってきたことで出張してくる人も増え、賑わいが戻ってきたという。

アメリカでは他にもニューヨーク（ニューヨーク州）やシカゴ（イリノイ州）などで歴史的建造物の保存と活用が積極的に進められ、町の再生の成功に貢献している。再生された歴史的建造物は、再生前には、中心市街地が衰退を始めたときに空き家化したりスラム化したりした古い老朽化した建築物でもあった。それらを、建て替えてしまうのではなく、再生することは、いわば町のイメージを悪化させている「負の遺産」を、町の資産に変えることであり、町のイメージを良くするための効果としては絶大であった。また、新築の建物では得られない、歴史・文化という背景をまとっているため、町の個性や独自性を形成することにも役立った。衰退した中心市街地再生において、歴史的建造物の再生がしばしば行われているのは、そのためである。

このようなこともあって、今、アメリカの不動産市場では、利便性・面積・築年数といった従来の不動産価値指標に加えて、行政が地域をどのようにしていこうとしているのかといった「地域の将来予測」が不動産への投資を呼び込むための重要な情報のひとつとなっているようだ。日本でも同じような取り組みが始まれば、地方公共団体の取り組みが不動産価格に大きく影響していくのではないだろうか。

ところで、アメリカの中心市街地で再生された多くの歴史的建造物は、倉庫からオフィス、オフィスから住宅といった具合に、用途をまったく変えて再生されている事例が多いので、日本ではこれを、英語で転用を意味する「コンバージョン」の名で紹介している専門家も多い。なかには、「コンバージョン」は中心市街地再生の切り札である、と説明している人もいる。

アメリカの再生事例をみると、用途転用することがプロジェクトのスタートではない。スタートはあくまで、誰も見向きもしなくなり見捨てられた古い建物の有効利用である。そうした古い建物を、価値ある「歴史的建造物」として位置づけたのは、プロジェクトをより有利に進めるためのツールであり、コンバージョンはプロジェクトを成功させるための手段であったといえる。アメリカの中心市街地再生において、歴史的建造物の存在やコンバージョンが果たした役割は大きいが、それだけに限って注目するのは、かえって本末顛倒の論理を生んでしまうので、注意が必要だ。

アメリカの都市再生では、スラム化が始まり、犯罪の増加によって地域の価値が低下してしまう事態への対応が課題のため、歴史的建造物の再生は、文化財の再生というだけでなく、古い建物を改修して低所得者用の住居を整備するという名目でも進められていることが多い。こうすることで、文化財の保存活用、低所得者住宅の確保という２つの公的支援が同時に使えることもメリットとなっている。この場合、もともとの建物は不動産としての価値はかなり低かったので、再生事業によって復活すれば、地域全体の価値は大きく上がることになる。ついでに言えば、都市再生に成功すると、不動産を求めて人が集まってくるので、初

図3-1　オフィスビルからホテルにコンバージョンして保存再生されたリライアンスビル（アメリカ・シカゴ市）

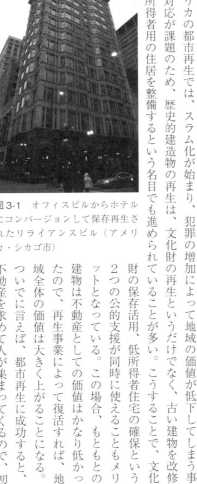

期に低所得者用住宅を取得した所有者層（主に投資家たち）は、建物を賃貸・転売することで利益を得ることができる。コンバージョンが都市再生の切り札のように見えるのはこのためである。

■アメリカで歴史的建造物が見直される理由

アメリカで、地域再生の鍵となったのが歴史的建造物だったのには、もうひとつ理由がある。

私は以前アメリカで、歴史的建造物の保存活用による中心市街地再生事業に携わる関係者に「どうして歴史的建造物を保存活用したのか？」と尋ねたことがある。すると、返ってきた答えは、歴史が個性や独自性を生むといった戦略的なものでも、歴史的建造物が文化財に指定され法的な拘束力があったからといった政策的なものでもなく、いたって現実的な話だった。彼らは口を揃えて「だって、そのほうが安上がりだからだ」と言うのである。

もちろん、新しく巨大なビルに建て替えたほうがテナント料も多く入り、儲かる場合もある。しかし人口流出が続き、衰退に歯止めのかからない都市を再生するプロジェクトの場合、いきなり拡大を期待するのは無理がある。それなら古いビルを残し、近代化のための改修を加えたほうが、ずっと安上がりだ。

日本では、建物を建て替えると、古い建物のときよりも大規模な建物になり、床面積が増える分だけ収益性も向上する。また、耐震や防火などの安全基準が、年々厳しくなっていくことから、改修時にそれらの基準にあわせていくことに、相当の手間がかかり、それも工事費用のコスト高につながる。そこで、都市の再開発といえば建て替えが前提のように考えがちで、「古い建物を残すことは、コスト的にも不利で、経済的にもマイナスだ」と思い込んでいる人が多い。しかし、これは大きな誤解で、一般的には、容積を増やす必要がないのであれば、古い建物の改修工事を行ったほうが工事費用は割安である。公共建築では、同規模の建物であれば、改修は新築の7割程度の費用ですむといわれている。

建て替えると、古い建物を解体した資材の処分費や、新しい建物に要する材料費が余計にかかるのだから、よく考えれば当たり前のことである。ところが、土地に限りがあり、人口が密集していた日本では、都心部の土地価格が高いこともあって、都心部であるほど床面積の増加による収益性の向上という恩恵にあずかれる。また、災害が多い日本では、耐震補強に代表されるように、法制度上の安全規準を満たす手間も余計にかかるので、改修工事の割安感が少なくなるのである（アメリカでも西海岸の一部では、改修時に耐震補強の必要がある）。

なお、アメリカでは、解体した建物の資材の処分費が「ゴミを増加させる」という理由で、日本よりも余計にかかる点も見逃せない。また歴史的建造物の保存活用に対して法人税や所得税の減税といった日本にはない税制優遇措置もあり、歴史的建造物の改修工事を推し進める影の力となっている。これらの政策は多くの都市で歴史的建造物の保存活用による中心市街地の再生が始まった1980年代に導入され、一定の効果をあげているようだ。

■歴史的建造物のリノベーションにも期待

東京では、まだ人口増加が続いていて、床面積の増加による収益性の向上という恩恵が生きている。とはいえ、東京以外の都市では、この恩恵にあずかることは困難になってきた。また東京の23区内でも空き家の発生が問題となってきている地域が生まれつつある。

こうした状況において、古い建物を取り壊し、大規模な建物を新築するのは大きな投資を要する工事であり、大都市でも東京以外では投資の回収が期待できない事業となりつつある。

このため、近年、建築業界では「リノベーション」が流行り言葉になってきた。対象となるのは歴史的建造物のような由緒あるものだけでなく、古くなった普通の民家や店舗、町中の普通のビルなども含まれる。

リノベーションへの注目度は高まり、最近では建築業界誌だけでなく若者向けの雑誌などでも、しばしばこの言葉を目にするようになってきた。しかも手掛けているのは、比較的、若い建築家やインテリアデザイナーたちで、施主となったり、仲介を行ったりしているのも小規模な小売業者や不動産業者である。

もちろん、現状ではリノベーションの事例は大都市の中小規模の建物が圧倒的多数を占めるが、それでもこのようなかたちで裾野は広がってきており、多くの人が知るようになってきたのはいいことだと思う。古い建物があったら何が何でも建て替えるのではなく、こういう選択があるということを、ぜひわかってほしいものだ。

一般の人のあいだでもリノベーションが話題になってきているのは、設計を手掛ける建築家やインテリアデザイナーに才能があり、生まれ変わった建物がオシャレにみえるからだけではないと思う（雑誌ではそういう取り上げ方をされることが多いが……）。やはり、リノベーションがビジネスとして成り立つので、その数が増加し、マーケットが拡大してきたからだろう。

つまり、小規模な事業者たちが「工事費が安く投資効率の良い事業」として建て替えではなくリノベーションという方法を好むようになってきているのであり、それに伴い、金融機関をはじめとする社会の投資も徐々にそちらに向かっているように感じる。

繰り返し言うが、改修（＝リノベーション）のほうが古い建物を取り壊して建て替えるよりも投資効率の良い事業になり得る。そのことは、アメリカ同様、日本でも徐々に認識され始めているのである。

古い建物をリノベーションするという道を選ぶのであれば、歴史的建造物の価値はさらに上がる。なぜなら、もともとその建物には魅力があるからだ。

ただし、歴史的建造物の改修には、古い仕様に合わせたり、文化財としての法や条例の規制があったりすることから、通常の改修よりも工事の費用はかかる。それでも、歴史的建造物がもつ魅力と、補助や税制優遇といった文化財に対する公共からの支援措置によって、増えてしまう負担を相殺できれば、投資効率が悪くはならないはずだ。

今後、リノベーションがますます流行すれば、歴史的建造物の保存活用事例は増えていくだろう。それはアメリカでそうであったし、日本も同じ方向に進むと考えられるからだ。

■「リノベーションまちづくり」と一体化した動きを

一部の専門家は地域（エリア）でリノベーションに取り組み、そこでなりわいを生むことが地域再生に効果的であることや、地域の不動産価値の改善につながる（価格の下落を止めたり、価格を押し上げたりする）ことを紹介し、それを「リノベーションまちづくり（※）」と総称して、今後の新たな都市計画の手法となると主張している。対象とされているのは、大都市や地方都市の中心市街地で、生み出すなりわいは、飲食業、宿泊業、借家・オフィス経営といった中心市街地ならではの業態になる。

リノベーションまちづくりは、地域の雇用や不動産の価値を重視しており、対象とする建物が歴史的建造物でない点は、これまで紹介してきた事例とは異なっている。けれども、歴史的建造物や町並みの事例の「地域における地道で息の長い取り組みと投資が成功を生む」という点と、リノベーションまちづくりにおける「地域で取り組むことによって地域の価値を生み出す」という点は考え方として共通しており、親和性は高そうだ。

ただし、いくつか相違点もある。例えば、リノベーションまちづくりでは「建物の価値は地域の価値によって決まる」としているが、歴史的建造物の場合には不動産的な価値よりも歴史的文化的という意味で潜在的な価値を持っているので、少し異なる。それでも、このような歴史的建造物の価値を上手に活かすことで、リノベーションまちづくりの効果も大きくなるのだから、アメリカのように歴史的建造物の保存活用による中心市街地の再生を日本でも積極的に進めるべきだろう。

このように考えると、これまで紹介した事例も、歴史的建造物や町並みを使ったリノベーションまちづくりの事例と言えるかもしれない。別の言い方をするなら、歴史的建造物や町並みを使えば、リノベーションまちづくりが大都市、規模の大きい地方都市以外の地域でも可能なのである。

■歴史・文化への投資は雇用の拡大につながる

地域の再生や活性化を検討する場合、問題になることのひとつに雇用への影響がある。多少、観光客が増え、賑わいを取り戻したかのように見えても、その地域における雇用が増えるところまでつながらないと、生活ができず、新しい住人を呼び込めない。それでは本来の目的である「少子高齢化に歯止めをかける」という結果にならないからだ。

これまで、各地の自治体では地域での雇用を生むため、企業を誘致するための活動を行ってきた。代表的なケースが工業団地の建設だ。大規模に土地を造成して敷地を用意し、そこに工場を建ててもらおうというわけである。

工場を建ててもらうということは、誘致の対象になるのは製造業だ。たしかに工場が新しくできると一定の雇用が生まれる。しかし、大規模な工業団地の建設は地方公共団体にとって相当額の投資になるだけでなく、多くの場合、誘致の条件を良くするためにインフラ整備費用の支援や固定資産税の優遇（免除）といった措置を取るので、これらも投資に上乗せされてしまう。それは果たして、効果に見合ったものなのだろうか。

新しい工場では今まで以上に自動化や省力化が進むので、必ずしも多くの雇用が発生するとは限らない。そういう職場で特に必要となる技能者は他の工場から異動してくるので、地元の人がどれだけ採用されるか微妙だ。

それ以前に、多くのメーカーが製造拠点を人件費の安い海外に移している現在、期待通り工業団地が埋まるかどうかもわからない。このように考えていくと、工業団地の新設は投資額が大きい割には見返りが期待しにくく、かなりハイリスクの投資といえるのではないだろうか。

それなら、歴史的建造物や町並みへの投資に力を入れたほうが、よほど効果は大きいと思う。川越のようにならなくても、空いている家に新たに暮らす人や、空き店舗を使って新たに商売を始める人が少しでも増えれば着実な人口増につながり、また、多少時間はかかっても雇用を生み出す結果にもなるはずだ。さらにいえば、企業が工場をつくりたいと思う場所があるとすれば、流通が便利、資源が入手しやすいといった当たり前の条件に加えて、働き手が住みたくなる場所、すなわち、そうした魅力をもった地域が近くにあるところということになるのではないだろうか。

雇用という点でいえば、歴史的建造物・町並みの保存活用がリノベーションまちづくりよりも優れているのは、その工事に地域の職人や工務店の力が必要になることだ。なぜなら、歴史的建造物・町並みを構成する伝統的建物には地域特有の技術や技能、材料などが使われているからで、そうなると建設費用の相当分が地域内に落ちることになる。すると、それらのお金は職人や工務店の従業員たちが地元で飲食したり、祭りに参加したりすることで地域経済の歯車を回す潤滑油となる。つまり、建設業関係以外の雇用促進や経済活性化にも良い影響がある。

歴史的建造物の保存再生に限らず、リノベーションは新築と比較すると人件費比率が高くなる。近代社会では人件費比率を下げることが命題で、人件費がかかることは悪いことだと思われがちであった。ところが、発想を変えれば、リノベーションのような工事は、新築工事より小さな額ですみ、かつ、多くの雇用を地域で生むことになる。それが地域経済に貢献するとなれば、施主となる地域の人々の理解も得やすくなるはずだ。加えて歴史的建造物や町並みであれば、単なるリノベーションと比較して、国等の公的な資金の支援も受けやすい。その意味でも、歴史的建造物・町並みの保存活用は、公的な資金が地域の雇用と活性化に結びつく、いわゆる「地域への真水」と呼ばれる効果を生む支援なのである。

さらに言えば、地域で職人や工務店の生活が成り立っていると、災害時に彼らがすぐにかけつけて面倒をみてくれるので、建物が被災してもその復旧が早くなり、地域の防災力も高まる。職人や工務店の従業員は往々にして消防団にも入団してくれるので、その意味でも地域防災において頼りになる存在なのである。

■ブランドがある町は名前を言える

歴史的建造物や町並みが生む地域の個性や独自性は、不動産の価値とは別に地域そのものの価値を高めてくれるものであり、いわば地域を「ブランド化」する切り札だ。そしてその効果は周辺地域にも及ぶ。

良い例が川越で、最近では隣接する鶴ヶ島市や坂戸市でも「川越」を名乗ってビジネスを始めるケースがみられるほどだ。これは長野県の軽井沢エリアが群馬県にまで広がっていった現象と似ており、地域ブランドとしてはもっとも成功した例といえる。

同じように、歴史的建造物や町並みの存在に代表される歴史・文化や地域の界隈性のおかげで、その名が知られ、地域の価値が上がっているところはいくつもある。東京でいえば、銀座、神楽坂、谷根千（谷中・根津・千駄木）、神奈川でいえば横浜である。

例えば、神奈川県川崎市の武蔵小杉近辺に暮らしている人に住まいの場所を尋ねると、位置を説明するのに「横浜の手前」と回答が返ってくることがしばしばある（「川崎の武蔵小杉」とはあまり言わない）。これはブランド力に明らかに差があるからで、要するに上から順に並べると「横浜」「武蔵小杉」「川崎」となっているのだ。

横浜がなぜそれほどブランド化したのかといえば、古くからの港があることに加え、洋館に代表される近代建築の存在が大きいことは、すぐに想像がつくはずだ。もうひとつ重要なことは、港や洋館は単に存在していたというだけでなく、横浜市役所の都市デザイン室等が中心になって整備や保存に継続して取り組み、ブランドイメージを高める活動を地道に続けてきたからだ。

川崎市では、こうした状況を認識しており、武蔵小杉などは市が相当の投資を続けている地区だ。それが武蔵小杉をブランドにしつつある。他の地区でも川崎市は様々な努力を重ねている。横浜だってうかうかしていると、いつか川崎にブランドの地位を取って代わられるかもしれないから、注意が必要だ。

さて、あなたは自分の住む場所の名前を堂々と言えるだろうか？　言える人はブランド力のある地域に暮らしているのだが、言えなければそうではないのだから、地域を生き残らせるために「地域の価値」を高めることが大事である。周辺地域との差別化に成功し「勝ち組」にならないと、町はどんどん荒れていくかもしれない。

■「地価」は土地の価格から地域の価値へ

「地域の価値」は略すと「地価」になる。地価という単語は、通常「土地の価格」を示しているが、これは、建物よりも土地のほうが不動産としての価値が高いと考えられているからだ。少なくともこれまでの日本では、建物は土地のおまけのような扱いしかされないことが多かった。

これも仕方がない話で、人口密度の高い日本では建物をつくる土地が不足していたから、どうしても土地の価値が上がってしまう。１９８０年代までは人口が順調に増加していたので、不動産価格においては規模以外の建物の違いはほとんど意識されず、価格は主に利便性（立地条件）によって決められていた。鉄道などの交通機関によって中心部へのアクセスがよく、しかも駅から近い場所ほど有利であり、だからこそ「地価＝土地の価格」だったのである。

ところが人口が横ばいから減少していく時代になると、この価値観は崩れてくる。交通インフラの整備も進み、同じように便利な場所が増えたことで利便性だけが差別化ポイントではなくなってきた。その結果、地域間競争の種目が変わりつつある。例えば近くに病院やコンビニがあるかといった交通以外の利便性も、不動産を選ぶ際の重要な目安になっている。

今後さらに地域間競争が激化すると、公共サービスの質や、地域固有の魅力の有無が重要になってくるのではないかと筆者は考えている。

実際、1時間程度で都心に出られる場所はたくさんあり、どこに住むかは個々人の自由だ。そうなると、平均的でおもしろみの欠ける町よりも、何か楽しみがある町がいい。となると歴史・文化や界隈性によって個性が感じられる町は魅力的であり、人が集まってくるのは当然だろう。

人口減少に向かう日本では、東京の都心部のような例外を除けば各地で空き家が増加し、土地への需要は低下している。そうなると、「リノベーションまちづくり」で提唱されているように土地の価格ではなく、魅力や個性が感じられるような「地域の価値」が不動産の価格を決める時代が来ると予測されるのである。

すなわち、不動産の価値に地域のブランド力が大きく左右し、土地そのものよりも、その上にある建物の魅力や建物の集積としての「地域」の性格が果たす役割の方が重要になってくるはずだ。このとき、「地価」は土地の価格ではなく「地域の価値」になる。

少子高齢化が急速に進む日本だからこそ、地域の魅力や個性によって差別化を図り、不動産価格が下がらないような方法を真剣に考えていく必要がある。そのキーワードになるのが、地域の価値と不動産の価値を重ねて考えられる「地価」だ。そして価値を形成するために、歴史的建造物や町並みが生む歴史・文化や界隈性の果たす役割は大きい。

実を言えば現在の「地価」の評価においても、すでに「地域の価値」は影響を及ぼしている。銀座の土地価格が頭抜けて高額なのはよく知られているが、これは広く名前が知られた場所であるからで、そのブランド力が不動産の価格を高めることに役立っている。銀座ほどではないにしても、一般的な不動産の印象や評価においても、地域のブランド力の有無は大きな差を生んでいるはずだ。それは、川越にあるマンションの販売時の広告に「蔵のまち」「小江戸」「歴史都市」といったコピーがしばしば使われていることでもわかる。

このように地域の価値と不動産価格は連動しているのだから、地価（地域の価値）を高めることは地価（不動産価格）を下落させないもっとも効果的な方法といえる。そして、そのときの大きな決め手のひとつになるのが、これまでの不動産の評価ではまったく忘れられていた建物の質や地域の個性であり、なかでも、歴史・文化や界隈性を感じさせるものは貴重な存在になってくるのである。

■土地の所有者がすべてを決められるわけではない

歴史・文化や界隈性を生み出す資源となるかもしれない古い建物は、現在の日本ではどのような状況に置かれているだろうか。残念ながら、空き家や空き店舗として放置されている建物は全国レベルで増え続けており、シャッター通りを形成したり、なかには老朽化が著しく危険な状態にあったりするものも多い（居住者の高齢化などが原因でゴミ屋敷になることも多い）。このため、空き家・空き店舗対策は地方公共団体の重要課題になっているほどだ。つまり、古い建物が地域の価値向上に活かされているどころか、マイナスの効果を生んでいるのである。

これに対して、欧米の先進諸国では、空き家・空き店舗や老朽化した建物の再生が積極的に進められている。その理由は、人口が減った地域や商業が衰退した地域でスラム化が進行しやすいからで、この点については欧米社会のほうが日本よりはるかに敏感だと思う。

欧米の先進諸国の事情をもう少しわかりやすくひもといてみよう。空き家・空き店舗や老朽化した建物は、不動産的な価値はゼロに近い。それどころか、そういう建物が増えると地域全体の価値が下がり、不動産価格の下落にもつながってしまう。

スラム化が始まるともっと大変だ。犯罪が増え、人々が出て行ってしまう。ひとつの地域でこういった現象が起きると影響は周辺地域にも及ぶので、取り返しがつかなくなる前に、行政が積極的に介入するのである。

日本では、空き家・空き店舗や老朽化した建物が取り壊されると、その場所はたいてい駐車場か空き地として残される。しかし、これらは既存の町並みや商店街の雰囲気を壊したり、賑わいを妨げたりするのでもっとも避けたい選択だ。こうした行為は、地域にとってマイナスとなる（価値を下げる）ので、特にヨーロッパの都市計画制度では様々な規制を設けて防いでいる。

例えば駐車場への用途変更は許可制なので、容易には認められない。駐車場の設置は地域の交通計画と関係しているので個人の意思だけで決められるものではないし、また町中に広い駐車場があると交通事故、騒音問題、さらには車上荒らしなどの犯罪の温床になりやすいので、地域の公益に大きな影響を及ぼす施設として厳格な規制の対象とされているからだ。ゲームセンターのような遊興施設や風俗施設と同等の扱いとなっているといえば、わかりやすいだろうか。

空き家については、取り壊しまでは認められても、一度空き地にするとその場所に新しく住宅を建てる場合も用途変更になるので、新しい住宅の意匠や形態に相当の制約が課される。

厳しいようだが、このような方針は計画に基づいて地域の行方を決めていくには非常に大切なことだ。日本では土地や建物の用途に関しての意識が低く、町の中心部にゲームセンターができても、広い駐車場で商店街が分断されても、「所有者がそうしたいのなら仕方がない」とあきらめてしまう。しかし店舗の性格によって客層が変わったり、広い駐車場ができて人通りが変わったりすると地域の価値は影響を受け、ひいては不動産の価格が低くなってしまう。つまり、一部の人の利益のためにみんなの財産が目減りしてしまうのだから、もう少し慎重に対処したほうがいいはずだ。ヨーロッパのように用途変更を許可制にすることは困難だろうが、少なくとも駐車場の設置については、地方公共団体がもう少し積極的に介入できる制度が必要だろう。

欧米の先進諸国では、地域全体の価値（不動産価格の総和）をできるだけ下げないことが住民の共通の利益につながるといった確固たる考え方があり、政策もそれに基づいて決められる。日本でも、これからはそういった方針を見習うべき時期にきているように思える。そのなかで、歴史的建造物や町並みの保存活用による空き家・空き店舗、老朽化した建物の再生は、地域全体に利益をもたらすものであり、行政が積極的に介入すべき優先順位の高いものとして、意識されてもいいのではないだろうか。

■勝ち組も油断すれば負けてしまう

最後に、少しショッキングな話もしておきたい。

これまで話してきた通り、歴史・文化や界隈性は地域のブランドを生み出す力になり、ブランド力を付けた地域には多くの人が集まって賑わいが保たれる。その結果、地域間競争の勝ち組になり得るのである。東京でいえば神楽坂や谷根千（谷中・根津・千駄木）、築地あたり、神奈川でいえば横浜、鎌倉あたりが代表だ。

ところが順風満帆にみえるこれらの地域も、油断していると、そう遠くない将来、負け組に転落してしまうかもしれない。なぜなら、成功と失敗は常に背中合わせの関係にあるからだ。

負け組に転じる流れは次のようになる。

特定のエリアの人気が高まり、多くの人が集まってくると、そこにはビジネスチャンスが生まれる。するとと小綺麗な店構えの店が次々と開業し、そのうち大手チェーン店系列の店が次々に進出してくる。

図3-2　魅力を失いつつある神楽坂の路地。黒塀を整備しているが、道路拡幅で塀の位置が後退している

また、古い住宅が新しいマンションに建て替えられるといった変化が起きるのは当然だ。

このような動きが加速度的に進むと、いつの間にか風景は一変してしまう。気がついたときには地名があるだけで、「歴史を感じさせる」町並みは失われ、どこにでもあるような普通の町になっている。そういったケースはけっしてめずらしくないのである。

それでは、どんな地域が負け組になりやすいのか？

わかりやすくいえば川越市のように住民の理解のもとに地道な取り組みを継続せず、なんとなく古い建物や横町が残っているところだろう。要するに、たまたま開発の波が及ばなかっただけで、住民たちに「地域の価値を高めよう」という意識があるわけではない。

だからこそ、そうした場所にちょっと人気が出て客が集まり始めると、なぜそうなったかも考えず気軽に建て替えなどを進めてしまう。行政が明確な都市計画をもっていない地域の場合、開発の動きを止めるのは無理だから、あとは将棋倒しのように普通の町並みに変わっていくだけだ。

せっかく貴重な資源をもっている地域であるにもかかわらず、個々人の欲望のためにそれを壊していく姿は、まるで「自らの足を食って生きているタコ」と同じである。8本の足を食い尽くすまでは生きていられるが、なくなった段階であとは死を待つだけだ。

先ほど挙げた都内の地域のなかでも築地はかなり危ない段階に来ているように思う。今までは「1930年代から続く世界最大の魚市場」があったおかげで独特の雰囲気を保ってこられたが、場内市場が豊洲に移転してしまうと状況は大きく変わるだろう。一般の人が利用できる場外市場は残るものの、中央卸売市場との一体感による新鮮さのアピールはできなくなるので、新たな戦略が必要だ。特に飲食店については、もっと交通の便がよく、店の数も多い銀座との直接対決になるだけに、安泰とはいえない。

築地は都心に近い便利なエリアだけに、「市場の町」という個性がなくなってしまえば、ただの開発対象でしかなくなる。場内市場の跡地にどんな建物や施設ができるのか、まだ決まっていないようだが、もし普通のオフィスビルやマンションが建ち並ぶようなら、あまり個性の感じられない普通の町になってしまう。

同じことは神楽坂や谷根千にもいえる。これらのエリアにも自治体で進める木密地域不燃化（※）や道路拡幅などの開発の波が押し寄せており、油断すると伝統的な建物や風情ある路地はどんどん失われてしまう。もちろん災害への対策は重要だが、それを実行しながら町の個性を守る方法をもっと真剣に考えていくべきだと思う。

その点では、田園調布や成城といった伝統あるお屋敷町も最近では相続が上手くいかず小さな建売り住宅やマンションへの建て替えが進み、風情が失われつつある。これも似たようなケースだろう。

横浜だって安閑とはしていられない。横浜がブランド力を付けたのは、港や洋館が単に存在していたというだけでなく、その背景に、横浜市役所の都市デザイン室等が中心になって、港の整備や近代建築の保存に継続して取り組み、そのイメージを高める活動を地道に続けていたためだ。ところが、現在横浜市では港にカジノを誘致しようとしているという。健全で明るくなった港のイメージが、ギャンブルによって損なわれるのではないかと危惧される。時間をかけて築き上げたブランド力も、失う時には一瞬、という場合がある。慎重に事を進めてもらいたいものである。

同じような例は、歴史的建造物や町並みに投資して成功している地方でもある。そうした地域でよくでる議論が、「これだけ成功しているのだから、もうそろそろ投資をやめてもよいのでは」というものだ。長年続いている老舗ほど、陰で常に新しい営業努力を続けている。そのことからわかるように、投資をやめればブランド力は瞬く間に失われていく。

ブランド力は失っても取り戻せるかもしれないが、歴史と積み重ねた時間は、一度失ってしまうと、二度と戻ってこないのである。人気の都市や街は、ブランド力があったから人が集まり賑わいができたのであり、無理に人を集めようとしたり、ブランドを切り売り安売りしたりしてしまうと、その後にはその歪みが必ず押し寄せる。その結果は、駅前に大規模商業施設と大規模マンションをつくった地方都市と似たようなものだろう。

※リノベーションまちづくり　清水善次『リノベーションまちづくり』（学芸出版社）、嶋田洋平『ぼくらのリノベーションまちづくり』（日経ＢＰ社）などを参考にしてほしい。

※木密地域不燃化　木密とは「木造住宅密集」の略で、このような地域は大きな地震による倒壊や火災の危険度が高いことから、多くの自治体が建て替えや道路の拡幅などによる不燃化を進めようとしている。特に熱心なのは東京都とその特別区だが、都内の木密地域は関東大震災や第二次大戦の被害を免れた貴重な歴史が残る場所でもあるだけに、町並みまで変えてしまうことへの疑問も出ている。

コラム② リノベーションと建築規制

リノベーションを行う場合、しばしば問題となるのが、建築基準法や消防法といった法規に適合させることである。建築基準法では、古い建物の改修を行う場合に、主要構造部の過半以上に手を加えるときや、一定面積以上を用途転用するとき合に、古い建物を現代の法規に適合させる必要があると規定している。言うのは簡単だが、これが結構難しく、手間がかかる。このため、評判をよんでいるリノベーションの多くは、建築基準法の適用を受けない形ですませている。

ところで、法適合をさせていないということは、見栄えは良いが安全でない状態が放置されているということがあり得る。また、法適合をさせないと、公的な機関からの補助や金融機関からの融資といった支援が受けられない場合が多いという課題もある。

それでは、法に適合させれば、と思うかもしれないが、法適合させるためには、多くの箇所に改修が必要になったり、場合によっては計算や実験を行ってデータを示す必要があったりするなど、意外な手間と費用を要する。

こうした課題は歴史的建造物であっても同様である。そのため、前著『都市の記憶を失う前に』では、欧米の先進諸国において歴史的建造物の法適合が得やすい状況を紹介し、それを踏まえた課題解決のための提案も行った。本書でも、第4章に、欧米と同様の運用を実現するための方策として地方公共団体の自主条例の制定を示したので、参照していただきたい。

（後藤　治）

既存の制度の枠を広げれば多くの建物が守られる

地方に限らず都市部においても、これからの地域間競争に勝ち抜くためには歴史的建造物や町並みの保存活用が有効であること、そして、それを実効あるものにするために地域単位で将来のビジョンをもち地道な活動（投資）を続けることの必要性をこれまで述べてきた。さらにこれらを効率的に推し進めるためには、民間からの投資を呼び込むことはもちろん、国や地方公共団体による積極的な支援が望まれる。

そうしたなか、２０１６年の11月28日、政府は地域再生を目的に「古民家の宿泊施設への転用等を積極的に行うための５００億円規模のファンドを立ち上げる」と発表した。あわせて首相官邸の政策会議として「歴史的資源を活用した観光まちづくりタスクフォース」も開催され、議論を重ねている。

これらはたいへん喜ばしいことではある。とはいえ、現在、国の財政は赤字国債が膨らみ火の車だ。このような財政状況の下では、よほどの政治決断でもない限り、新たに制度を立ち上げ、それに大きな政策的支援や投資を行うことは難しい。

地方公共団体の財政は、国以上にひっ迫しており、たとえ政府が制度をつくっても、それを進めるための自主財源を確保することすら難しい状況にある。先に記した政府が発表したファンドも、地方公共団体が出資する「まちづくり会社」と呼ばれる組織を支援するとのことなので、どれだけの自治体が受け入れ可能な組織を立ち上げられるか、微妙なところだ。

新たな制度が難しいのであれば、既存の制度を充実させるのはどうだろうか。歴史的建造物や町並みの保存活用に対して、国が補助金を支出しているものに、文化庁の文化財保護関係の予算がある。例えば、その予算を増額するのである。

残念ながら、既存の予算を増やすのも容易ではない。財源の問題は同じなので、文化財保護関係の予算を増やすためには、所管する文化庁か文部科学省の他の予算を削らなければならない。なかには、学校建築の耐震化のように、達成率が高くなっていて、将来余剰が見込めそうな政策関連予算もある。けれども、それを振り替えるには財務省の了解が必要で、さらには学校関係でも予算を必要とする新たな課題はあるだろうから、同じ文部科学省管轄の予算を文化財に振り替えることすら、政治決断が必要となる。そう考えると、既存の制度を充実させるのも簡単ではない。

そこで考えられるのは、歴史的建造物や町並みを対象としていない既存の制度について、その枠組みを広げて、歴史的建造物や町並みの保存活用に対しても使えるようにすることだ。

そんなことができるのかと思われるかもしれないが、前例はある。文化庁の文化財保護関係予算以外の公的資金を使って、保存活用が行われている歴史的建造物はけっこうあるからだ。

町並みについては国土交通省関係の「街なみ環境整備事業」がある。この事業はすべての町並みに適用が可能であるため、歴史的な町並みに活用し、そこにある歴史的建造物を保存活用している自治体は多い。この場合は「街なみ」という点で、もともと事業の対象に含まれていたということになるが、新たに枠組みが広がった例もある。

例えば、文部科学省の学校建築の耐震化に関する支援は、当初は耐震性能が足りない古い校舎を取り壊して、耐震性能が高い建物に建て替える場合にのみ、国から地方公共団体に補助金が支出されていたが、その後、改修を行って耐震性能を確保する場合にも出されるようになった。そして、近年は、耐震改修の補助金を使って歴史的建造物である校舎等を改修する事例もでてきている。

国立大学の施設についても同様だ。耐震化を図るとき、古くは建て替えだけに国は予算を支出していたが、最近では校舎を耐震改修する工事についても予算措置を講じている（事業主体は、国ではなく国立大学法人）。さらに近年は耐震化の達成度が高くなってきたことにともない、50年以上を経過した施設のリノベーションに力点が置かれるようになってきており、そのなかで保存再生が行われる歴史的建造物である校舎等も増えてきている。

■歴史的建造物の改修に新築より「上乗せ支援」を

かつては、建物を新築することが都市部での土地建物の高度効率利用の促進や経済対策に役立つという考え方があった。このため、今でも多くの政策では既存建物の改修よりも新築のほうが、公的な支援について有利になるように政策が組み立てられており、学校建築の耐震化においても、現在でも地方公共団体への補助は新築のほうが改修よりも補助率が高くなっているのはその影響だ。

新築や建て替えのほうが改修よりも優遇されるもうひとつの理由に「新築や建て替えは政策実現に沿うものだが、改修は個々の財産取得を支援するもの」という考え方があることも見逃せない。典型的な例が災害後の住宅の撤去や建設に対する支援で、阪神淡路大震災や東日本大震災のような大規模な自然災害によって被災し、取り壊されてしまった歴史的建造物は多数あるが、その改修に対する公的支援がほとんどないのは、このような理由によるものだ。

しかし、こうした政策では古い建物はどんどんなくなっていってしまうので、発想を変え、歴史的建造物の改修については新築の建物への支援と同様か、またはそれ以上に支援できるようにしたらどうだろうか。この方法であれば、新たな法律をつくってそれにともなう支援制度を設けるような大変な作業を行わなくても、既存の制度の支援を決めている法律の部分的な改正や、支援を決めている要綱等に1～2行新たな項目を加え、歴史的建造物に対する要件等を書き込むだけで実現できるはずである。

施設や建造物を対象とする公的な支援制度のなかで、歴史的建造物の改修についての支援を、他の施設や建造物の新築や改修よりも少しだけでも有利になるようにすれば、その効果はさらに上がるに違いない。

例えば、現在、多くの地方公共団体で耐震診断や耐震改修に対して補助金が出されているが、そのための公的支援は、補助率23％（国が11・5％、地方が11・5％）を原則としている。それに対して、歴史的建造物については補助率が30％になるようにしたらどうだろうか。また、住宅ローン減税は、現在ローン残高の1％を10年間所得税から控除することが認められているが、歴史的建造物である場合には、それよりも少し有利になる形（例えば、ローン残高の2％）で減税されれば、歴史的建造物である住宅の保存活用は進むに違いない。

歴史的建造物に対する公的支援を一般の建造物の改修や新築・建て替えよりも、公的支援の際に有利に扱う方法を仮に「上乗せ支援」と呼ぶことにしたい。耐震改修や住宅ローン減税に、歴史的建造物に対する上乗せ支援があれば歴史的建造物の耐震改修を含む改修が促進されるだけでなく、自らの家を歴史的建造物として公的に認定してもらおうと思う所有者等も増えるはずだ。

この場合、対象となる「歴史的建造物」は何かが問われる。前述のファンドにある「古民家」のようなイメージであれば、国が登録した登録有形文化財、伝建地区の伝統的建造物、景観法の景観重要建造物、歴史まちづくり法（「地域の歴史的風致の維持及び向上に関する法律」の通称）の歴史的風致形成建造物といった国が法的に定めているものを対象として想定すればよいだろう。また、景観法や歴史まちづくり法のように、一定の法律に基づいて地方公共団体が計画をつくりそのなかで位置づけたものについても、それに含めることは可能だ。

上乗せ支援の実現も「簡単ではないのではないか」と思われるかもしれない。ところが、そのような考え方に基づいて、制度に関わる公的支援がすでに運用されているものに、歴史まちづくり法の支援策がある。歴史まちづくり法の対象地域（法律では「重点区域」という）では、社会資本整備総合交付金を使った場合に、国から地方に対して補填される交付金の比率が他の地域よりも5％上乗せされる形になっている。この交付金を使った事業に、先に記した「街なみ環境整備事業」がある。この制度を使って、多くの自治体が、同法に基づいて指定した歴史的風致形成建造物の保存再生や、町並みを形成する歴史的建造物の改修を行っている。

「上乗せ支援」の運用が可能な制度はたくさんある。施設の取得や整備に支援を行っている制度が多数存在するからだ。例えば、空き家対策、中心市街地再生のための空き店舗対策、中小企業支援対策、農業施設支援対策、高齢者施設支援対策等は、その代表的な例だろう。実際に、数は多くないが、これらの対策費用を使って、保存活用が図られている歴史的建造物も少なからずある。これらの対策のなかで、歴史的建造物を保存活用した場合には、他の施設の場合（とくに新築・建て替えの場合）よりも5％でいいから多く支援する形にすれば、歴史的建造物の保存活用数や歴史的建造物として公的に認定を求める所有者等の数は、飛躍的に増えるはずである。

■「規制の緩和」と「規定の弾力的な運用」への期待

もうひとつ、政府や地方公共団体が懐をいためずに歴史的建造物の保存活用を支援できる方法がある。それは規制の緩和だ。場合によっては、規制を緩和しなくても規定を弾力的に運用するだけで相当の支援になる。

実際に、前述のファンドを使って古民家を宿泊施設に転用するケースを考えてみよう。

この場合、住宅から宿泊施設に用途転用を行う形になる。用途転用を行うためには旅館業法、建築基準法、消防法といった法律に適合させることが求められるが、現状ではそれは容易ではない。「旅館」のような宿泊施設には様々な施設上の要件や衛生上の基準が旅館業法等の法律で定められているからだ。

また、建築基準法では宿泊施設のような不特定の人が利用する施設（特殊建築物と呼ばれる）については、一定規模以上になると耐火性能をもった構造にすることが求められる。そのため、木造のままでは法適合させることが困難なので、大規模な古民家を特殊建築物にすることはできないという問題に直面する。

それなら「歴史のある風情ある大きな木造の旅館が日本国内にいくつもあるのはなぜ？」と疑問をもたれる読者がおられるかもしれない。それらは現在の法律ができる前に建てられたものなので何とかなっているだけで、現行法規には適合していないのである（既存建築物の特例と呼ばれる）。

したがって、こうした古い旅館でバリアフリーに対応するためエレベーターを増築しようとすると、とたんに現在の法律への適合が求められる。そうなると木造のまま認めてもらうのは難しいので、鉄骨造やコンクリート造に建て替えるか、増築をやめてバリアフリーへの対応をあきらめるしかない。このような現状があるので、多くの大規模な木造の旅館は後者の道を選んでいくことになる。

そこで政府では、前述のファンドの立ち上げにあわせて、旅館業法、建築基準法、消防法等の見直しによる規制緩和も検討すると発表している。けれども、それも簡単ではない。なぜなら、そもそもそれらの規制は、衛生や安全といった人々の健康や生命に関わる理由から定められているからで、おいそれとは緩和できないからだ。

こうした規制に対し、私は前著『都市の記憶を失う前に』の中で、欧米の先進諸国では日本では行われていない弾力的な運用を認め、歴史的建造物の保存活用が図られている実例を紹介した。その場合、法的な責任が弾力的な運用を認めた行政ではなく、それによって不要な出費をおさえられる所有者等や専門的な見地から代替措置を提案する設計者・建築家といった専門家について問われる場合が多いことも説明している。

建築基準法については２０１３年の京都市のケースを皮切りに、近年、神戸市、横浜市、川越市をはじめ、いくつかの地方公共団体において独自条例が制定され、欧米諸国と同様の措置がとれる形に近づいてきた。建築基準法では第3条に同法の適用除外に関する規定があり、国が指定した文化財建造物は適用が除外されることになっている。また、地方公共団体が条例をつくり、現状変更の規制と保存のための措置を講じた建築物については「特定行政庁の建築審査会の同意」を得れば、同法の適用除外ができることとされている。そのため、京都市などではこの規定を使って独自の条例を制定し、歴史的建造物については個別に「保存活用計画」を定めることで建築基準法の弾力的な運用を図っているのである。

具体的には、同法の通常の運用では壁や天井等を不燃材にしなければならないが、歴史的建造物ではそれを取り換えると著しく価値が下がってしまう。そうした場合には新たな消防設備を取り付けたり、人為的な避難誘導や消火活動によって対応したりすることを認めるといった形をとっている。新たな設備や人為的な活動は、「保存活用計画」に記載され、一定の拘束力が担保されるわけだ。また「保存活用計画」では保存する部分を決めるので、所有者等にとっては「現状変更の規制」がかかる場所が明確になり、同時に、保存する部分以外の箇所では、変更しても規制の対象とはしないように運用すれば、負担を簡略化できるだけでなく、安全を確保しやすくなるという利点もある。

国土交通省でも古民家の宿泊施設への転用等を進める政府方針にしたがって、建築基準法そのものの改正ではなく、歴史的建造物に対して同法の弾力的な運用を図るという形で対応することについて理解を示している。そのため、第３条に基づく自治体の条例とその運用の普及を促進する目的で運用方法に関する通知（２０１４年４月１日）を出したり、委員会（歴史的建築物の活用促進に向けた建築基準に関する連絡会議）を設けて地方自治体が第３条の条例制定を行いやすくする検討を進めた。また規制の合理化を検討するプロジェクト（「防火・避難規定等の合理化による既存建築物活用に資する技術開発」平成28〜32年度）のなかで歴史的建造物や町並みへの対応を検討することを始めている。

建築基準法に限らず、歴史的建造物の活用を行おうとすると新築のように法律にあわせてつくることはできないので、多くの法律に対して適合が困難という事態が生じるものと予測される。こうした際には杓子定規に規定を運用するのではなく「保存活用計画」で代替措置を設けるなど、歴史的建造物に対する規制緩和ないし規定の弾力的な運用が幅広く行われることを望みたいものである。

■公平性に対する補償も考えるべき

先に耐震改修補助や住宅ローン減税に対する上乗せ支援について記したが、それを実現するには制度をつくる以前の課題が実際にはある。それは耐震改修補助や住宅ローン減税が現行の建築基準法に適合している建物を対象にすることを前提としている点だ。古民家をはじめとする歴史的建造物に同法を適用することが難しいのも前項で述べてきた通りである。したがって、ほとんどの歴史的建造物は、価値を守れば守ろうとするほど耐震改修補助や住宅ローン減税の対象としにくいという現実がある。

同様の扱いは、瑕疵担保の履行、中古住宅の流通促進といった様々な政策においても共通している。施設に関わる様々な制度とそれに基づく公的な支援は建築基準法に適合していることを前提にしているし、これにともなう民間からの融資・保険等もそれに倣っているので、歴史的建造物の大半は制度を活用しようとしても公的な政策の支援の対象にならない、できないというのが現実なのである。

そこで、今後、有効な措置として考えられるのは、建築基準法第3条で規定されている建築物については（前項で述べた地方公共団体の条例で同法の除外措置がとられている歴史的建造物を含む）、建築基準法に適合している建築物と同等に扱うことである。実際に、京都市などでは適用除外措置を受けた建物に対して、一般の建物と同様に建築基準法に基づく検査済証を発行している。

建築基準法第3条の建築となると国指定の文化財建造物まで対象に含まれるので、それらについては「国から補助金が支出されているから対象とする必要はないのではないか？」との議論もあり得るだろう。けれども、現在国が補助しているのは保存のための費用あるいは耐震・防火等の防災対策のための費用なのであって、活用のための費用は対象になっていない。住宅でいえば台所・便所・風呂等の水回りの更新やエアコンの導入といった費用は含まれていないのである。

国指定の文化財であれば、そうした設備類の導入も価値への配慮が必要になるので、目立たないものとするのが普通だ。このため、配線や配管に工夫が必要になり、一般の建物と比較して余計な費用がかかりがちである。したがって、耐震改修補助は現行の制度で足りているが、住宅ローン減税の対象としたい工事はたくさんあるはずだ。

このように考えていくと、歴史的建造物の価値を守ろうとするがゆえに、現行の法規に適合させにくかったり、現行の支援制度の対象となりにくかったりするケースは、まだまだ他にたくさんある。

そうした場合に、歴史的建造物に対して「保存活用計画」を定めて弾力的な法の運用を図り、支援の対象にしていくことが、もっと検討されてしかるべきだろう。別の見方をすれば、これまで歴史的建造物の場合には、価値を守るがゆえに現行の制度の対象となり得なかったのだから、それだけ不利益を被っていたという解釈も成り立つ。そうした不利益を解消し、公平性を補償するという観点からも現行制度を弾力的に運用したり、支援を行ったりすることを検討するといった考え方が必要になってくる。不利益の補償という点では、先に記した新築より改修が不利な状況に置かれていることを是正することも、そのなかに含まれる。

その点では、歴史的町並みについては、歴史的建造物の単体よりもさらに状況が複雑になる。町並みの整備については、効率利用、防災対策、交通問題等の観点から、道路拡幅、建物の不燃化促進といったことに公的支援が行われているが、歴史的町並みにとっては、それらの措置が町並みの価値を失わせることになってしまうので、そのまま導入はできない。このため、国が選定した重伝建地区では、火災の早期発見と通報につながる設備の設置、住民等が公設消防の到着前に容易に自ら使用できる消火設備の整備、水源や水利の確保といった代替措置をとっていくしかない。

例えば京都市では、都市計画法の地区計画の中で、地域住民の理解協力を前提に、様々な代替措置をとることで準防火地区の指定を解除し、町家のような木造建築が密集する地域を残すための道を開いている。また大分県臼杵市では、条例（歴史的景観保全に係る防火上の措置に関する条例）によって準防火地域から景観形成防火地区を指定して、同地区内では木造の外壁や軒裏を表し歴史的町並みの景観を守ることができるよう代替措置を定めた。

国選定の重伝建地区では、国から市町村への支援があるが、京都市や臼杵市のような場合には、道路拡幅や不燃化促進の支援を代替措置に対する支援に向けることは困難だったので、対策は独自に進める必要があった。そのため、歴史的町並みの防災対策という点については、公平性の補償という観点に加えて、地域の観光等を含む振興と防災対策の両立という観点から、地区で取り組む独自の防災対策（地区単位で策定する「保存活用計画」といえるかもしれない）を公的に支援する新たな地区単位の制度が必要であると思われる。もちろん、どの地区でもそうはいかないだろうから、文化財保護法の伝建地区、景観法の景観地区、歴史まちづくり法の重点区域等が、当面の対象として考えられるのではないだろうか。

なお現在でも、重伝建地区では、文化財保護法による支援措置として、防災対策に公的支援が行われている。また、歴史まちづくり法の重点区域では、先に記した交付金を上手く使えば公的な支援を得て防災対策を実施することが可能である。けれども、それらを含め、木造が密集した状態を残しても安全対策の実現が可能であることを明確化するための制度化が望まれる。

■欧米では民間投資への減税によって歴史的建造物を守っている

現在、新たな制度をつくり、公的支援をすることが難しい状況にあるとはいえ、民間の投資を呼び込んで地域を活性化させ、後日の税収等を増加させると予想されるものについては、まだ公的支援の導入がしやすいはずだ。その意味では、歴史的建造物に対する制度上の支援は観光の振興につながり、雇用の発生につながる可能性を秘めているので、そのための有力な候補になり得ると思う。

特に地方においては、歴史的建造物を放置しておくと荒廃して空き家化が進み、結果的に固定資産税収入を減らすことになるので、何もしないことはマイナス要因でしかない。したがって、地方公共団体にとっては、自らの懐をいためずに歴史的建造物への民間の投資を呼んでくれる政策こそ助け舟になるはずだ。

そこで考えられるのは、歴史的建造物の活用に対する民間の投資に減税を行うことである。投資に対する減税は、投資が増えたことによる税収増と、減税に対する税収減のバランスが取れるなら国や地方の財布をいためないので、導入は可能だと思う。実際に世界の先進諸国では、歴史的建造物を改修することに対して税制優遇を行っている例が多く、このような考え方が理に適っている証明といえるだろう。例えばアメリカでは、歴史的建造物の改修に要した費用については日本でいう法人税の特別償却にあたる税制優遇が行われている。ドイツでは歴史的建造物の改修に要した費用の一部について、所得税、法人税の税額控除が行われている。イギリスでは歴史的建造物の住宅については、改修に要した費用に付加価値税（我が国の消費税にあたる）が非課税とされている。

以上は国税の優遇だが、地方税の優遇を行っている場合もある。アメリカの多くの州では、歴史的建造物に対して投資を行うと固定資産税に対する建物の評価額が上がり、所有者等にとっては固定資産税の負担増につながるので、改修後の一定期間、固定資産税の評価を据え置く措置をとっているほどだ。


税制の優遇を行うには税法改正等の新たな制度の導入が必要なので、実現は容易ではない。とはいえ、歴史的建造物に対する税制は、価値の保存を行うことによって発生する不利益の補償という観点に加えて、歴史的建造物の活用への投資が地域を活性化させる効果をもつという観点から、新たな制度を導入すべき時期に来ているように思える。例えば、古民家を宿泊施設にかえると、住宅から業務用の不動産に用途がかわるので、固定資産税額が上昇する。これをもとの住宅としての税額のまま据え置くこと等は、すぐに導入できる措置のひとつだろう。

なお、国の登録有形文化財である歴史的建造物については、これまで規制が緩やかだったために、税制優遇がごく限られたもの（家屋の固定資産税が2分の1、土地と家屋の相続税の評価額が30％減）にしか認められていなかった。一方、紹介した通り、近年、地方公共団体が独自の条例を制定し、「保存活用計画」を策定している歴史的建造物が増加しつつあるという事実もある。ほとんどの条例は国の登録有形文化財である歴史的建造物を主要な対象のひとつとして想定しており、前記した通り「保存活用計画」を策定した歴史的建造物については地方において一定の規制がかけられた形になっている。したがって、地方公共団体の取り組みを支援するという意味でも、登録有形文化財に対して地方公共団体が保存活用計画を定めたら、今以上の税制優遇を行ってもよいのではないだろうか。行政の関連部局に真摯な検討を望みたいものだ。

■「公益の比較と長所・短所」における発想の転換を

時代とともに様々なものが変化していくのは仕方がないことだ。それによって便利になれば地域の経済が活性化し、地域の価値も上がる。

実際、非効率的で低・未利用の歴史的建造物を取り壊し、土地を効率的で高度に利用した新しい建物をつくることが、土地の所有者だけでなく、公共にも利益をもたらしてきたのは事実だ。その結果、住民が増えれば住民税や固定資産税の収入が増え、地方公共団体の財源となる。そんなことから「地域活性化のためには歴史的建造物や町並みが失われることはやむを得ない」といった考え方が正しいと思われてきたのである。

ところが人口が減少する時代に入り、一定の利便性が各地で得られた現在にあっては、「利便性を得るためにかけるコストとそれによって得られる利益」に対して「歴史的建造物や町並みの保存活用にかかるコストと伝統を活かしたブランド力による利益」との比較ができるようになってきた。さらに言えば、歴史的建造物や町並みを壊しブランド力を失うことにともなう将来の逸失利益も考慮すべき状況になってきている。

少し違う見方をすれば、個々人の経済活動は守られるべきだが、一定の規制によってその地域の価値が保たれ、地域に利益がもたらされるのであれば、「最大多数の最大利益」が守られることを理由に一定の規制を行い、個々人への補償に地域での利益を充てる（補助金、税制優遇等）といった措置も正しいと考えられる。したがって、それとは逆に地域の価値を下げるような乱暴な開発は制限するべきだし、価値の源泉となる場所への公的投資は許容されるべきだ。

税制においても、歴史的建造物のような低・未利用で非効率的な土地の固定資産税と、高度利用の高層マンションが建っているような土地の固定資産税が同額なのは非合理なのだから、前者の負担を軽減し、後者がそれを負担するような考え方があってもいいはずだ。そのことは、川越市において高い「地価」を形成するのに伝統的建造物群がどれだけの役目を果たしているのかを知れば、理解できるだろう。

日本の不動産業界では（業界に限らず一般の人も含めてかもしれない）、不動産に対して何らかの規制があると、その分だけ不動産の価格が下落するという考え方が支配的である。このため不動産に対して法や条例で新たに規制を設けるのは容易ではない。

といってまったく規制がないと、周辺の地域にどのようなものができるか予測ができないという問題が生じる。もし迷惑施設等ができると、その影響で周辺の不動産の価格が著しく下落することもあるわけだ。このため「不動産の価格を守るためには、一定の規制が必要だ」というのは、多くの人が感じている重要な事実である。

それを反映した実例のひとつは、神奈川県鎌倉市における古都法による規制だろう。それにより、鎌倉に住んでいる人は多くの不自由を強いられているものの、結果的に地価を高水準で保つことができ、納得できているはずだ。このことは、不動産に対する自由と「地域の価値」の関係を考えるうえで重要な示唆を与えてくれる。

重伝建地区は、制度上、地域内の建物の外観や外構に厳しい規制が課される。一般にこうした厳しい規制は地域の不動産価格を下げてしまうように思われがちだが、事実は逆で、弘前市の重伝建地区では不動産の価格が一時期上昇したほどだ。規制によって良好な環境が保たれ、この地区に住みたいという人が増えたことによる結果である。

こうした比較検討や発想の転換の視点は、単に経済的な面だけでなく、安全面でも必要だと思う。

歴史的建造物や町並みについては、建設後相当の年数が経過していることや伝統的な素材を使っているため、耐震や防火という面で多くの課題を抱えている。また狭い路地に面していることで、緊急車両が進入しにくいところもある。

このため、これまでの日本の政策では、木密地域の不燃化、あるいは道路の拡張のように「古くなった建物や地域は建て替えて更新することにより安全を確保していく」という方針が絶対的だった。それにより失われた歴史的建造物や町並み、界隈性をもった地域は枚挙にいとまがない。

たしかに木造建物の密集地や細い路地といったものは防災上の問題を抱えてはいる。その一方で、木造建築を構成する植物資材は再生可能で環境への負荷が少なく、細い路地は車が進入しにくく交通事故が発生しにくいという長所もある。さらに、歴史・文化や界隈性による価値を考えた場合には、簡単に更新して失ってよいかは、すぐには結論を出せないはずだ。

つまり、価値の上からみると長所なのだが、防災の面からみると短所になる。この場合、これまでの大勢は短所を解消する方向だったのだが、今後は、長所を伸ばしつつ、短所に対応するような方向性があってもいいのではないだろうか。つまり、官民あげて進めていた「建物を不燃構造につくりかえ、道路を広げる」といった投資を見直し、地価を高める長所を残すため、火災の早期発見や初期消火のための設備設置や既存建物の耐震・防耐火の性能を高める改修といったことに投資を行うのである。実際に多くの重伝建地区では、木造建物が密集する町並みを残す目的で様々な防災対策が行われている（拙著『それでも、「木密」に住み続けたい！　路地裏で安全に暮らすための防災まちづくりの極意』に詳述したので参照してもらいたい）。ちなみに、筆者は茅葺の茅に火がついても火が燃え広がらない消防方法の研究を、とある防災機器のメーカーと行っている。最新の技術をもってすれば、古い建物であっても現在の基準と同程度の安全対策は可能なのである。

人間でも長所と短所は紙一重だ。同じ人物であっても「非常に几帳面な人」といえば長所になるが、「非常に神経質な人」といえば短所になる。これからの時代は短所を変えようとせず、長所を伸ばすような発想の転換が歴史的建造物や町並みの保存活用には必要で、ひいてはそれが都市や地域の再生につながるのではないかと信じている。

特別寄稿

「伝統を今のかたちに」の発想で地域の個性を活かした魅力ある日本に

葉葺正幸（株式会社和僑商店代表取締役）

私は銀座のおむすび屋から始まり、出身地である新潟に糀《こうじ》をつかった甘酒の専門店をつくったことで、発酵食の世界にはいりました。当時は、糀に着目するかたはほとんどいませんでした。糀は日本の発酵食に欠かせないものなのに、そのすばらしさが広く伝わっていなかったのです。要するに、古い食材というイメージが強かったのですね。

それでは、そんな糀の良さを今の人に知ってもらうにはどうしたらいいのだろう。昔のままでは、現代人の生活のなかにはなかなか入り込んでいけません。

そこで私は、伝統を今のかたちに置き換える方法を考えました。果汁を加えた新しいタイプの甘酒の開発や、デザイン性のあるパッケージや店舗で、新しい表現をしていったのです。その結果、徐々に商品が話題になり、糀の甘酒が世間的にも着目される一翼を担ったと自負しております。

このような取り組みが評価され、多くの人にも支持していただくようになりました。そこで力を得たことから、その後、酒蔵や2つの味噌蔵、そして100年以上歴史のある漬け魚の専門店と次々と伝統ある事業の承継・再生に取り組んでいくことになるのです。今回はその経緯を説明させていただきます。

■糀はすばらしい力をもっている

こんな私も、昔は「甘酒とは、酒粕に砂糖を加えて甘さを出すもの」だと思っていました。ところが、食材の勉強で新潟の酒造や味噌蔵などを訪れていたとき、たまたまいただいた一杯の甘酒に驚いたのです。なぜなら、糀だけで濃厚な甘さをお米から引き出していたからです。しかも、甘酒といいながらアルコールが入っていないことに二度驚きましたね。

それだけではありません。糀が糖化された状態の栄養価の高さは、病院で打ってもらう点滴にも匹敵するほどなのです。このため、江戸時代には食の細くなる夏に好んで飲まれました。また、酒屋の世界では「産後の肥立ちが悪けりゃ、甘酒飲ませ」という言葉があったそうで、栄養価の高さから出産前後の母親に積極的に飲ませたといいます。

もちろん甘酒は糀の実力を示すほんの一例でしかありません。味噌、味醂、日本酒などの発酵食の多くに欠かせないものなのです。特に日本酒造りにおいては「一麹（糀）、二酛《もと》、三造り」といわれ、最も大切なものとなっています。

おむすび屋では様々な品種のお米のみならず、ご飯にあう具、特に発酵食など多くの食材に触れます。当時はおむすび屋を始めて7年たったころでしたが、その間で最も驚いた食材がこの糀だったのです。そして、これだけ魅力のある糀が、どうして今に広く伝わっていないのだろう、そんな疑問から勉強が始まりました。

糀を学び、そしておむすび屋の店頭で試験販売しながら1年たったころ、ある人から「新潟のために米を使った事業をおこしてほしい。その本店を新潟に構えてくれないか。寂しくなった商店街がある。ここに店をだして元気づけてほしい。例えば、甘酒屋はどうだろう?」といったお願いごとを受けました。世の中にあふれるほどの食材があるなか、私が一番関心をもっている甘酒(糀)で町興しをしてほしいというのです。運命的なものを感じ、お引き受けすることにしました。

ただ、今でこそ「糀」という言葉を見聞きする機会が増えましたが、当時は誰も知らず、甘酒はどちらかと言えばあまり美味しくない飲み物と思われていました。そしてお願いされた出店場所は、人通りが決して多いとは言えない商店街です。このような条件であったため、お店が成立するのだろうかという不安ばかりが募ったのです。

■伝統あるものが若い人にとっては新しい

それでも事業の作り込みをしていくなかで、私に決定的な気づきを与えてくれた資料がありました。それは内閣府の統計で、人々に「心の豊かさとモノの豊かさのどちらが大切か?」という質問を投げかけた結果をまとめていたのです。

調査は昭和47年(1972年)からスタートしており、高度成長期を引きずるその時代には「モノの豊かさ」を大切だと答える人が多かったのはいうまでもありません。ところが昭和50年(1975年)にはいると両者は拮抗し始め、50年代後半からは「心の豊かさが大切」と答える人が「モノの豊かさが大切」と答える人を上回りました。そしてこの差はどんどん開き、平成24年(2012年)には65％の人が「心の豊かさ」が大切と考えるようになったのです。

商売をする私どもにとって、この指標はまさにモノが売れない理由につながります。生活する上でモノの消費は行われるものの、モノを選ぶ判断規準が変わってきているのではないでしょうか。

例えば、モノを買うことで社会にどのように役にたつかといったことが重要になってきたり、店や会社の「あり方」が需要になってきたりしていると感じたのです。


そこで、店や事業をつくるにあたって、「心の豊かさ」の視点で様々なことを表現していきました。

出店場所は、空き店舗が多く、閉じられたシャッターが目につく商店街です。無機質なシャッターが並ぶだけでも場所のイメージは悪くなります。

そこでシャッターをつかわず、木の引き戸のお店にしました。「店が閉じているときも、美しい」店の景観がきっとこの通りを素敵にするだろうと考えたのです。

店内にベンチも置きました。すると、そこで見ず知らずのお客様同士が隣に座ることになり、それがきっかけで会話が進みます。お客様たちからは、このお店に立ち寄ることが生活の楽しみになる、とも言われました。

当時は、ファブレスメーカーとして、私どもの糀を地元の酒蔵や味噌蔵でつくってもらいました。私たちのがんばりが、地元の企業を活性化させます。そして、店やパッケージはデザイン化させ、今の生活になじみやすいものにしていったのです。

糀の甘さで表現した伝統的で健康的なドリンクは、若い人には新しく、昔を知る人には懐かしい味でした。そしてお店の外観、地域産業との関わり、お客様同士のつながりと、それらが徐々に支持されるようになり、予想を上回る多くのお客様からご利用いただけることになったのです。

その後、商店街の店で改装する人等は、シャッターを使わないで、格子にしますなど、少しずつですが街並がかわっていくことになります。

糀による米だけで表現される甘さの魅力とモダンなデザイン表現により、古町糀製造所は糀、甘酒ブームの一翼を担うお店として全国的に知られることになりました。

■甘酒から本格的な酒蔵と味噌蔵の再生へ

糀をモダンに表現するという手法が評価されたことで、次に「糀づくり」に密接にかかわる酒蔵をやってみないかというお話がありました。ぜひ、挑戦したいと思い、新潟市内の沼垂地区にある今代司酒造の経営権を取得し、事業再生に取り組んだのです。

沼垂は今では栗の木バイパスという交通量の多い道路が通っておりますが、かつては栗の木川という川が流れ、水運の便が良いことから川の両岸に酒や味噌、醤油などの醸造蔵が50件ほど集積していました。今代司酒造もそのひとつだったのです。

再生の手法ですが、新潟駅から徒歩20分という便利な立地を活かし、古くから残る蔵を観光スポットとして整えていくことにしました。そのころ、道路拡張のために敷地の一部を空けなければいけなくなっていたのですが、建物を取り壊すのではなく、曳家によって移動し、伝統ある風景を残すようにしたのです。

言葉でいうと簡単なのですが、限られた資金のなかで取り組んでいたものですから、曳家という選択をするまでには葛藤もありました。古い建物はすべて壊し、新しく建て直したほうが、すべてにおいて楽だったからです。しかし、いろいろと議論を繰り返した結果、新潟駅から徒歩圏内に見事な酒蔵があるという佇まいはこの地域の財産であり、なんとかして守るべきだという結論に達し、決意を新たにしたのです。

ただし、昔のものは残しつつも、随所に今風のデザインを取り入れることで、今の価値基準にも合うように工夫しています。今と古の混在する空間は、訪れた人に強い印象を与えたようで、記憶に残る酒蔵となりました。その結果、毎年、観光客が増えていくことになり、今代司酒造の再生に大きく寄与することになったのです。

元気になっていく酒蔵をみて、近くの味噌蔵である峰村商店（峰村醸造）から事業継承の打診がありました。現代の食生活の変化により食卓から味噌・漬物がどんどん消えていくことで、経営は徐々に厳しくなっていたのです。加えて後継者問題も抱えていたことから、私どもで事業承継させていただくことになったのです。

峰村醸造には2つの土蔵があり、それぞれ江戸末期と大正時代に造られたといわれています。同じく、道路拡張によってすでにこれらの蔵も取り壊す予定でいたのですが、これも曳家によって残すことにし、味噌蔵直売店としてリノベーションしました。

その後、味噌蔵での新しい取り組みから、さらにもうひとつ同じく新潟県にある味噌蔵（越後味噌醸造）や、創業120年以上の漬け魚の老舗会社の事業承継を引き受けていくことなるのです。

■地域の個性、日本のかたち

醸造業は日本の伝統的な産業のひとつですが、食生活の変化に加え、近年では人口減少が重なったことで、経営状況は楽とはいえません。しかし、製品だけに頼ろうせず、存在そのものを商品として売り出していくことで、新たな利益を得ることもできるのです。

「古い建物」「伝統産業」「老舗」などと表されるものは、存在そのものが極めて情緒的で、その地域の個性のひとつを彩っているといえます。そして「地域らしさ」をかたちづくっているのです。日本は大都市だけでなく、地域の集合体でもあります。大げさにいうと、地域の伝統産業や老舗を再生していく仕事は、日本のかたちを引き継ぐことだと思っているのです。

醸造に関わる工場は、単なるモノを作り出す工場としての価値だけでなく、存在そのもので観光業としての価値を創出していけることがわかりました。前述した内閣府の統計資料にあったように、今の日本人の価値観は「モノの豊かさ」よりも「心の豊かさ」に大きくシフトしています。だからこそ、ただの生産工場でない、情緒的な存在で、伝統的な古い建物は、益々その存在価値が高まっているのではないでしょうか。

株式会社和僑商店

設立：2001年3月
本社所在地：新潟市中央区古町通二番町533番地
東京営業所：東京都中央区築地7-15-13 セブン築地
ホームページ：http://www.wakyo-shouten.com/
問い合わせ（IP電話）：050-3338-4673
問い合わせ（eメール）：info@wakyo-shouten.com

【業務内容】
・米、日本酒、味噌、発酵食品に関わる商品開発とPR
・自社内外の醸造ネットワークをつかった発酵食品OEM
・グループ会社の経営戦略策定、ブランディング、商品開発、デザインディレクション業務
・銀座十石、古町糀製造所の運営

【受賞歴】
古町糀製造所
2010　NIIGATAショップデザイン賞
2011　日本一のお取り寄せグルメ決定戦　酒・ソフトドリンク部門大賞受賞
2013　きらっと光るいいお店　新潟県知事賞　最優秀賞受賞
2014　新潟ニュービジネス大賞　大賞受賞
　　　新事業創出全国大会フォーラム アントレプレナー部門 特別賞受賞
和僑商店プロデュース　今代司酒造　錦鯉KOI
2015　香港Design for Asia Awardブロンズ賞受賞
2016　ドイツiF DESIGN AWARD受賞
　　　イタリアA' DESIGN AWARD PLATINUM受賞
　　　ニューヨークONE SHOW GOLD受賞
　　　イギリスD&AD Awards Graphite Pencil受賞

【関連会社】
今代司酒造株式会社　新潟市中央区鏡が岡1-1
株式会社峰村商店　新潟市中央区明石2-3-44
越後味噌醸造株式会社　新潟県燕市吉田中町5-10
株式会社小川屋　新潟市中央区古町通5番町611

昭和初期に建てられた今代司酒造本蔵（上）。同酒造見学通路（下）

峰村醸造土蔵（上）。左の土蔵は大正初期に建てられ、2階は座敷になっている。右の土蔵は江戸末期に建てられたと言われている。現在はどちらも売店として使用。越後味噌醸造の木桶（下）

写真コラム　「ホンモノ」の町並みとは何か

日本では1975年（昭和50年）に文化財保護法の改正によって、文化財の世界にも「伝統的建造物群」という概念が導入され、歴史的町並みの保存が積極的に図られるようになった。歴史的建造物というものが単体から群へと拡大されたのである。しかし、単体の建築以上に町並みの保存というものは困難な課題を抱えていた。町並みとは生きている建築の集合体だからである。

町並み保存という活動は、地域の人々にとっては、歴史遺産の保存運動をきっかけとして、地域の文化を守り、誇りを取り戻す重要な試みであったはずである。しかし問題は日々の経済活動、とりわけ観光にあった。日本各地の古い町並みを有する地域では、観光客による経済効果に頼るあまり、「歴史への敬意」よりも「目先の経済」が優先され、その結果本来の「守るべきもの」が見えなくなっているケースが多い。そして「歴史的町並み」は「現代のテーマパーク」へと変質してゆくのである。

歴史的町並みにおいて「守るべきもの」は明らかであろう。それは「ホンモノ」としての町並みである。

日本が世界遺産条約に加盟してから、「オーセンティシティ」という言葉が世間に知られるようになったが、これこそが「ホンモノ」を意味する世界共通語である。2000年（平成12年）に、全国町並み保存連盟では「歴史的町並み・集落　保存憲章」を採択した。この中で注目されるのは、文章の中に「オーセンティシティ」という言葉が盛り込まれたことであった。憲章のその部分を以下に紹介させていただく。

歴史的町並みの保存は、文化遺産の保存にとって国際的な基準となっている真実性（意匠、材料、技術、環境、伝統、機能などの要素からなる、本物としての価値、すなわちオーセンティシティ）を尊重することと両立する。

日本の町並みにおける「オーセンティシティ」とは何か。これは実に難しいテーマである。しかし今、日本の歴史的町並みにおいて「ホンモノ」とは何かを問うことなくして、将来の展望は開けないだろう。なぜなら町並みが「ホンモノ」であることが、歴史的町並みをテーマパークから分かつ、唯一かつ絶対的条件だからである。

「ホンモノ」の町並みとは何か。それを考えるきっかけとして、8つのキーワードにより、都市における実際の事例をまとめてみた。いずれも多くのユネスコ世界遺産（文化遺産）を有する東西の歴史都市における事例である。

（田原幸夫）

	京都（K）	ブダペスト（B）

時代区分

日本の歴史的町並みでは伝統様式と同化させるデザインが基本。祇園新橋において鉄筋コンクリートの現代建築（右側）を見分けることは困難（K）。ヨーロッパでは時代ごとの多様性を生かしたデザインが基本（B）。

分節化

規模の大きな現代建築を歴史的環境のスケールに合わせ分節化してデザインされた例。5棟の建物に見えるのは単一の現代建築（K）。丘の上は現代の大規模ホテルの分節化されたファサード（B）。

京都（K）　　ブダペスト（B）

転用・活用

当初の機能を終えた歴史的建物は新たな用途に転用され積極的に活用されることが重要。閉校になった小学校をデザインセンターに（K）。アールヌーボー様式の19世紀のオフィスビルを現代の高級ホテルに（B）。

町並みへの挿入

既存の町並みに新築建物を挿入したデザイン例。現代の店舗建築は京町家の特徴である庇と格子を現代風に翻案（K）。組積造の町並みに挿入されたガラスの現代建築はデザインがやや単純に過ぎるか（B）。

	京都（K）	ブダペスト（B）

部分置換

古い建物を部分的に更新する際には高度なデザインセンスが必要。京町家の店舗のファサードを現代のデザインで置換（K）。歴史的建物のエントランスを新たな用途に合わせた建具と庇で置換（B）。

都市インフラ

都市の歴史的環境の保全にとっては、建築だけでなく土木施設など都市インフラへの視点も重要。京都の近代化の要である琵琶湖疏水（K）、世界遺産・アンドラーシ通りの地下鉄（B）は、共に今も現役。

	京都（K）	ブダペスト（B）
巨匠の名建築		

街の中に存在する近代の名建築も都市の宝。そのオーセンティシティを維持しつつ有効に活用されなければならない。旧日本銀行京都支店（辰野金吾設計）（K）。応用美術館（レヒネル・エデン設計）（B）。

	京都（K）	ブダペスト（B）
都市の品格		

歴史的環境も「ホンモノ」でなければ都市の品格が損なわれる。低層部に京町家風のファサードをデザインした都市ホテル（K）と、戦災後残された建物の部分を大切に保存した現代建築（B）。歴史への敬意とは何か。

撮影：田原幸夫

第二部

歴史的建造物を活かすための具体策

歴史的建造物を活用するための、より具体的な方法をさまざまな分野の専門家たちに考えてもらいました。保存、復元・復原、保護のための制度や法律の提案など複合的な手段で「伝統を今の力に」の実現を考えていきます。

第五章

歴史的建造物を活かすために建築家たちができること

黒木正郎（東京建築士会副会長／日本建築家協会登録建築家）

歴史的な街並みを大切にしようという風潮は社会が成熟してきた証と言えるが、街の変容自体は悪いことではない。経済活動が行われ、不動産への投資が行われるということは、地域で生きた活動が行われていることの証左である。しかしそれが歴史的な価値を認められた街並みや建築物を消滅させることによって成り立っているということであれば、希少な資源を凡庸な開発の原資に利用しているということであって社会全体としては不合理だ。惜しまれながら姿を消していくもの、ある日突然なくなってしまうもの、理由は様々であろうが歴史的な建築物が消えて風情も何もない建物が出来る。歴史の蓄積のない景観は不安定で地域そのものが皮相的に見える。したがって地域の価値は利用価値以上には高まらない。その利用価値を極大化しようとして、ただ建物として使えるだけでしかないものが作られ……というサイクルを繰り返す。この循環を断ち切る方法を考えることが私たち建築家の仕事だと思っている。

■歴史的建築物の収益利用について

価値ある歴史的建築物は凍結保存すべし、という考え方は一部の研究者の中ではいまだに根強いのかもしれないが、建築物は風雨にさらされ物理的に劣化していくので何も手を施さないでは保存できない。手を施すには費用がかかるのでそれをまかなう方法が必要でそれには3通り考えられる。

1　補助金（税金を原資とする直接投入）
2　保存してその周辺の施設で収益を上げられるようにする（神社仏閣や観光拠点など）
3　それ自体を収益が上げられる用途等に改修して利用する（いわゆる建築ストック活用と同様）

1と2は本稿の論と趣旨を異にするので、ここでは3について述べる。それに関して筆者は20年近く前にイタリアで強烈な体験をしたので紹介したい。

それはヴィツェンツァの近郊にあったヴィラ・エモ（Villa Emo）という「アンドレア・パラディオのヴィラを改修したホテル」である（図5－1）。調べると現在はもうホテルとしては営業してい

図5-1　ヴィラ・エモ（撮影：黒木正郎）

ないようであるが、ルネサンスの大建築家であり建築四書を著作した建築学の泰斗パラディオが設計した大邸宅を旅行者向けのホテルに改修して利用しているという点が、ストック活用の名人の国であるイタリアらしかった。

私が泊まったのは天井裏の２００㎡ほどの寒々とした、暗い部屋で、広大な上に天井高さはおそらく１・８ｍくらいしかなく、圧迫感に押しつぶされそうな異体験をした。同行者は階段の途中から入る塔のような部屋をあてがわれるなど、歴史的建築物が今の常識とは異なるものであるという体験を、身をもってできる施設であった。こういう建物は北イタリアには何百とあって、頻繁に所有者が変わりそのたびに取引や改修工事で地元に収益をもたらし、地域存続の資源となっているそうだ。収益という点ではいざ知らず、こういった歴史的建造物の利用法で有名なのはスペインのパラドールという国立の旅行者向け宿泊施設であり、多くは城郭など活用によって運営されている。

歴史的建造物活用の観光施設は陳腐化しないから事業としては安定しているといえるだろう。日本にも同様の事例があり、赤坂や高輪のプリンスホテルには旧華族の邸宅を改修した施設がある。最近著名になったのは丹波篠山の古民家を改修したホテルたちで、地域おこしとして大成功していると聞く。古民家ではなくても、また文化財的な価値はなくても風情のある住宅を改修した宿泊施設はそれに泊まること自体が観光目的となるものなので、日本人にとっては平凡な住宅に過ぎないものが「民泊」として外国人から思わぬ人気を博していたりする。地域を選ばずに実現可能な観光振興である。そういった事例のなかでも奥多摩・檜原《ひのはら》村の兜造りの民家を改修した旅館があるが、これなどは20年近く前からの営業であり、驚くべき先見の明ではないか。

■古い建物ではなく「建築ストック」という考え方

ここまで述べたのは観光・旅行という非日常の体験の中における歴史的建築物という取り上げ方であるが、日常的な体験として「便利なところにある賃料の安い建物の必要性」というものに対しても、歴史的建築物は活用の場があることを指摘しておきたい。

古い建物（建築の業界ではそれらに敬意を表して「建築ストック」と呼ぶ）は機能・安全性・設備などで新築物件に劣る面を数え上げれば限りないが、主に大都市においてはそれらが新築物件に勝る最大のポイントは「場所が良い」ということである。不動産の世界では立地を補う方法はないといわれており、同等の仕様・規模なら立地の良いものが決定的に競争力をもつ。このことが古い建物が壊されてきた原因でもあるのだが、さまざまな要因で壊されずに残りいつのまにか歴史的建築物になってしまったような建物もまだまだ数多くある。

それらの多くはその「要因」が解消されずに収益性の低いまま残っているのだが、立地の割に家賃が安いので、立地が決定的に重要になる用途に活用されている。その典型例は銀座から日本橋にかけての画廊群であり、主に中央通より東側の裏通りにいわゆる「ぼろビル」として残っているものが利活用されて日本の美術界を支えている。代表例は銀座一丁目に建つ「奥野ビル」であり、1932年に高級ワンルームアパートメントとして建設され、アパートであるが故の小部屋群が無数の独立営業ギャラリーとなっている。美術の業界では有名物件で、ここを出発点に大作家になっていった芸術家も数多い。

画廊のように収益力が低いわりに立地を要求する用途であっても、趣味嗜好と企画が合うものは工場地帯や住宅街でも十分に需要が作り出せる。低成長の時代に入って以降は不動産開発者の側が最適な「ビルディングタイプ」に対して異様なまでに「同一規格の大量供給」を求めるようになったので、どこの建物も最近のものはみな同じになってしまった。これは、日本国内はおろか世界中の大都市で同様の傾向にあるようで、逆にそういう状況から逃れたいと感じている人たちが発生して世界の都市観光に繰り出している。

歴史的建築物の活用方法は規格化を目指して量産するとかえって効用が下がるものを狙って考えるのが常套で、観光施設のほかに飲食店なども対象になる。これらは何かを参考にするのではなくどこにもないものを作り出せるかどうかという芸術作品の製作のような営為に近づいているといえる。

■サーキュラー・エコノミーという考え方

欧州の経済活動には流行のコンセプトというものがあるようで、「エコ消費」とか「エシカル（倫理にかなった）エコノミー」など2、3年ごとに新顔が現れる。ただ、ファッションの流行とは違ってこれらのコンセプトは「これからの時代の必要条件」として提示されるようで、新しい考えを取り入れたから以前のものは考えなくてよい、というものではなく、どんどん積みあがっていく性質のもののようだ。

２０１５年に日本に伝わってきた新しいコンセプトは、２０１４年7月2日に欧州委員会が発表した「新しい雇用と持続可能な成長を伴う循環型経済への移行に向けた高いリサイクル目標」というタイトルのプレスリリースに基づくもので、「サーキュラー・エコノミー」と称されている。以下にその概要を紹介する。

欧州委員会は、本日、欧州をより循環型経済にし、加盟国内でのリサイクルを促進する提案をしている「循環型経済へ向かって（Towards a Circular Economy）」という政策文書（以下、コミュニケーション）を採択した。新しい廃棄物削減目標によって、58万の雇用が生み出されると見込まれている。また、本提案は環境負荷の低減と温室効果ガス排出削減も意味している。本計画では、２０３０年までに一般廃棄物の70％、包装容器廃棄物の80％をリサイクルし、２０２５年時点でリサイクル可能な廃棄物の埋め立て処理を禁じている。本目標には、食品廃棄物削減に加えて、海洋漂流ゴミ削減も含まれている。

本提案は、現行のEU指令における廃棄物削減目標を強化するためのものであり、一方通行型からより循環型の経済へ本質的に移行しようとする意欲的な動きを背景にしている。新しいビジョンは、採掘した原材料を一度使って廃棄するのとは異なる経済モデルに立脚している。循環型経済では、リユース（再利用）・リペア（修理）・リサイクル（再生利用）は当然のことであり、廃棄物は過去のものである。資源を生産的に長く使い、高効率で再利用することで、EUの国際競争力は高まっていくだろう。この方法は、リサイクル資源市場におけるイノベーション・新しい経済モデル・エコデザイン・産業共生が、ゼロ廃棄物経済社会の実現にどうつながっていくのかを説明するコミュニケーションの中で明確に述べられている。

サーキュラー・エコノミーを直訳すると「循環型経済」となるが内容はこれまで提唱されてきたような資源循環による効率化だけを言っているのではなく、むしろ「原材料に依存せず、既存の製品や有休資産の活用などによって価値創造の最大化を図る」という経済システムなのだそうである。事例が面白いので提示する。

タイヤメーカーのミシェランは、タイヤを売るのはやめ、タイヤをレンタルして走行距離に応じた費用を払いうけるビジネスモデルを作った。タイヤは古くなると交換するがほとんどは使用可能な磨り減り方の半分しか使われていない。これをリサイクルして溝を張りなおしリサイクルタイヤとして売り出してはいるが、自社の新品との競合になる。なので、リサイクルタイヤを使った分だけ料金を受けとるビジネスにした。結果として利用者は常に新品状態のタイヤを装着することとなり、その付帯効果として燃費が良くなったのだそうである。これはタイヤ費用以上の効果を利用者（特に大型トラックを使う運輸事業者）にもたらし、結果として環境にも企業経営にも効用をもたらしたということである。

勘の良い方はいくつもの類例を思いつくのではないだろうか。例えば「カーシェアリングは、自家用車の利用率は時間に対して平均6％である」という事実を何かに利用できないか、といった具合だ。自動運転が実用化されるなどして自動車が運転者の技量に左右されないとしたら、誰もがいつでも最適な仕様形状の自動車を選びその効用を購入できることになる。またわが国では「シェアファッション」というものがすでに一般化されているらしい。これは月額料金の会員制ビジネスで、好みのファッションを登録しておくと毎週箱に入った服が届き、それを適宜着たのち送り返して……ということを繰り返すのだそうである。これは高額の、しかも一度しか使わない服のみならず普段着も貸衣装化したものであるが、衣装置き場に困っている若者に支持されていると聞く。

サーキュラー・エコノミーとは、ＩＴ技術を梃子にシェアとリサイクルの概念を合わせて既往の社会システムの中に当然のように組み込まれていた無駄とロスを削減することを新たな価値の原資とするものと考えてよいのではないか。モノを所有することによる効用が一通り行き渡った先進諸国ではモノ消費からコト消費へと消費の中心が変わっていく。そのときの消費のモチベーションは「クールかどうか」になっていく、とも言われている。その行為がかっこいいか、自分を高めるか、という判断が「クール」であるかどうかの基準であり、建築物の利用についても無駄にしない、無駄を作らないことが消費者を刺激する。

歴史的建築物の存在が新しい感覚を生み出すフィールドになっているのではないか、ということは直感的に正しい。飲食店業界では都会的な歴史的建築物に入れば客のつき方がまったく違うことはもはや常識化しており、再開発ビルの新築店舗ゾーンよりも隣接する古ビルのほうが競争は激しいと聞く。建築の世界以外のところから新しいニーズをつれてくれば、歴史的建造物の活用面での懸念には一定の解決方向が与えられそうである。

■経済活動と歴史的環境の保全を両立させるには

経済活動と建築物によって形成される歴史的環境の保全を両立させる手段はないものか。もしもそれを発見できれば、われわれは貴重な鉱脈を見つけたことになるのではないか。先人の蓄積を未来の世代の資産に利用させる橋渡しができたことになるのではないか。

容積率の割り増しで、歴史的建築物の保存が可能か。例えば日本橋の三井本館の保存と活用で開発された手法がある。これは都市計画で「容積率」の形で価値を付与する方法であり、その後の地域全体のまちづくりにも繋がったことに加え別の地域でも適用例ができた。しかしそれが適用できる地域、すなわち容積率が収益に繋がる地域は現実には限定的であり、仮にそういう地域であっても当該の敷地に容積率を消化できる建物を建てられる余地があるかどうか、という厳しい制約条件がある。

また仮に離れた敷地同士の間での容積率の移転を可能とする手法ができたとして、その容積率の受け手はあるのか、あるいはそれらの敷地同士のマッチングシステムが作りうるのか。特に、最近の都市計画にみられる「特区エリア内の開発に対して歴史的建築物の保存・歴史的環境の保全をもって敷地外貢献とする」という考え方にもとづいて容積率のやり取りをした場合、都市計画上の制約条件によっては、歴史的建築物の活用のほうに制約がかかる可能性もあるので、マッチングのコーディネーションにはまだまだ見えないハードルがありそうだ。

というような一連の懸念事項を考えると、歴史的な建築物を失わないためにはそれらを保存する手段を講じるだけではなく、現実の生きた経済活動が行われている社会の中で建物そのものを有効に利活用させる道筋をつけることが必要であるといえる。さらにそういった点で文化財たりうるような歴史的建築物の活用方法を探ることも必要であるが、文化財の活用を論じる一歩手前として、一般的な既存の建築物を新たな用途に転用するほか、改修や増築を加えることによって再生・利活用する際の障壁について考えてみたい。

■建築物と使い手の倦怠期「築40年のピンチ」を乗り越えるには

建築家の大野秀敏氏によると、日本人はおじいさんの仕事は大切にするけど、お父さんの仕事は大切にしないそうだ。要するに歴史的なものはありがたがるが、ただの古いものは嫌ってしまう。もちろん、ただの古いものを大切にしていないと歴史的なものは残らないのだが、人情としてはこういう傾向になってしまう。

築40年くらいの建物は風情が出るにはまだ早く、ただの古くて汚い建物であることが多い。不便で寒い、飽きてきた、新しいものがうらやましい、陳腐化していて売るに売れない……こういった状態に置かれている「プレ文化財」の段階で危機を乗り越えないと、文化財と呼ばれるような歴史的建築物には達しない。この、文化財以前の既存建築物が、先ほどの「建築ストック」にあたるわけだ。70年代の「近代建築」などがまさに今その時期にあたるのだが、残念ながら世の中の見方は変わっていないように見える。わたしたちにとってこれらの建築ストックはただの中古品ではなく、活用すればすばらしい価値を生むものとなりうるのであり、これからの社会は「ストック活用型」社会に転換していかないといけない、という点には異論はないであろうが。

しかし倦怠期に差し掛かった建築ストックを活用しようとする際の問題点、それを乗り越えるハードルは予想外に高く、技術面での3つの「難しい」こと、事業面での3つの「わからない」こと、がたちはだかる。それぞれ順に挙げていこう。

3つの「難しい」こと

①コスト予想が難しい

建築ストックを改修・用途転換・増築や減築をする際の適切なコストを算定することが難しい。新築と違って相場がない。仕事をする人、見積もる人によって千差万別。これは人によってどこまで突っ込むかが違うから。改修工事の確定仕様書と設計図面があれば工事費の算出自体はできるが、それ以前に改修の意志を固めるためのおおまかな見積もりができない、または見積もる人によって大幅に違いが出てきてしまうことが問題になる。しかしコストに関してはこのところのリノベーションブームによって事例がつみあがってきたので、今後はある程度信頼できる事前予想が可能なのではないかとも思える。それとは別にコストに関してはリノベーションによるストック活用を事業としている人は自分自身の事例に基づいて相場感を身に付けていてそれがノウハウとなっている。これは相当な強みであり逆にそれがない人とは意思決定の速さに決定的な差がつく。これは先行者利益というほかはないが、ある流れの初動期には先行者の教えを乞うことも必要なことだろう。

②状態の把握が難しい

ストック活用の現場で最初に出会うのは「耐震診断」であり、これも診断者によって結果に一定の幅が出る。建築ストックのリアルな状態は外観ではわからないことが非常に多い。また設備の劣化具合・取り替えたほうが良いかどうか、などは調査した人の考え方ひとつのことが多いが、専門家でないと個別の意見に振り回されてしまう（古くなった車を買い換えるべきかどうか、などと基本的には同じ）。ストック活用の意志を固める際に、そもそもまだ使えるものなのか、改修可能なのか、そのためにとてつもない時間と費用がかかってしまうのではないか、詳細な調査をすればわかると言われたが、調査の結果「無理です」となったらどうしたらいいのか、その調査費用は払わないといけないのか、など不安は次々わいてくる。住宅や小ぶりの共同住宅によくある事例だが、施工会社がサービスで調査をするからということで頼んでみたものの、簡単な改修ではすまなそうだとわかった。その会社は新築することを勧めてくるが、調査に要した費用の回収を図るためではないかと疑心暗鬼になってしまったりする。

施工会社の意見に振り回されないためには調査専門の会社に依頼することが一番なのだが、一般の所有者が調査のためにだけ費用を出すことができるかどうか。施工会社、設計会社とも既存建築物の調査というのは人手ばかりが膨大にかかる不採算な仕事であってそれ単独ではやりたがらない。これまでは施工会社や設計者が新築のための業務の前工程として行ってきたが、新築ではなくストックとして活用するための調査となると大変な手数がかかるので手に負えず、かといって信頼できる専門家は育っていないのが現状である。

これに関しても変化の兆しはある。事業用の不動産の売買の際の「デュー・ディリジェンス」（Due diligence＝ある行為者の行為結果責任をその行為者が法的に負うべきか負うべきでないかを決定する際に、その行為者がその行為に先んじて払ってしかるべき正当な注意義務及び努力のこと、適正評価手続き）は当然の業務となってきた。また中古住宅の売買の際の「ホームインスペクション」（住宅診断）とは、住宅に精通したホームインスペクター（住宅診断士）が、第三者的な立場から、また専門家の見地から、住宅の劣化状況、欠陥の有無、改修すべき箇所やその時期、おおよその費用などを見きわめ、アドバイスを行うことであるが、平成28年に中古住宅の売買の際にその実施を行うかどうか買い手に意向確認をすることが2018年から宅建業者に義務付けられる法改正が行われた。このように「調べる」ことが独立した事業となりつつある。それらが定着すれば、意思決定前のルーチンとなって負担感・不安感が軽減されるであろう。

③法適合性の判定が難しい

既存建築物が建築関連の法規に適合しているかどうか、違反建築物でないかどうかの判定は非常に難しい。その難しさを説明するためには、建築基準法の原則がどうなっているかをまず説明しなければならない。まず、建築基準法は建築物が新築される際にその時点での法令に適合していることを当然に求めている。その「法適合性」を都市計画区域外の小規模なものを除いて「建築確認」という設計の審査手続きによって内容を詳細に見て、適合性が確認されたという通知をもって工事着手が許されることとなっている。

この手順は非常に厳格なものであるが、建物が建ったあとに起こった法改正を逐一建物に反映させることまでは求めていない（消防法はそれを求めることもあるが）。建築基準法は技術の進歩や社会の要求水準の上昇にしたがってしょっちゅう改正されている（昭和25年の施行以来、平成28年まで100回以上改正されている）ので、建物のほうはそれに追いつかない。このようにして、建設当初は適法であった建物が法改正によって適合性を失った状態のものを「既存不適格建築物」という。既存不適格建築物は違反建築物ではないが、一定の増築や改修工事の際にはその時点での法規制に適合させる義務が生じる。この適合化改修を「遡及工事」というがこの遡及義務にはさらに一定の範囲で緩和規定があるので厳密な適合性を確保しようとすると緻密な履歴調査が必要になる。履歴調査のためには記録が残っている必要があるが、完全な記録が残っている建物は皆無に等しく多くは現況調査から推測していくことになる。ここで前出の「状態調査」と同様の難しさに直面することになる。これら一連の法適合性調査を正しく行える建築専門家は非常に少ないが、逆に考えれば今後は意欲ある専門家の新天地になりうる領域でもある。

3つの「わからない」こと

①古い建物の価値がわからない

ついこの前まで一般の方が思っていた素朴な疑問「ただの古い建物に、どうして価値があるのだろう？　ただの物好きが興味を示しているだけではないのか？」という感覚、実はそういう疑念は日本だけではなくヨーロッパにもあった。１９７０年代ころには戦前の建物がずいぶん消えていった時代があったのである。しかしそれではその地域の独自の風情が損なわれてしまう、ということで中心市街地の再生と一体の施策として歴史的建造物の保存活用が行われていった、という日本の今この時代と同様のプロセスを過去には経験しているのである。古い建物にはそれにしかない良さがある。しみこんだ歴史・時間・体験によって作り出された「風情」（おもむき・patina）、これは「エイジング」では作り出せないもの、復元でも作れないもの、現物の持つ力である。商業建築では絶対の強さであって、先にも少し触れたが特に飲食店などでは最近では「新築すると客が減るからなぁ」という店主の言葉がよく聞かれる。都市更新と高度成長の時代を歴史の一コマとしてしか知らない20代の客にとっては当然の感覚なのだそうである。そういうリアルな感覚を建物の所有者の世代は共有できているかどうか。

②新しい使い方に合わせられるかどうかがわからない

建築設計者がストック活用を考えているクライアントに呼ばれるきっかけになるのは、ほとんどがこれである。おそらく一番多いのは、中古の住宅を購入したいが自分の考えている間取りが可能かどうか考えてほしいというものである。単純な住宅ではなく、店舗付きとか、カフェをやりたいとか、工房がほしい、アトリエが、教室が、事務所が、と言われることもある。新築でなくて改修で考えてくれといわれるのは面白いのだが難題でもある。モノによってはいろいろとむつかしいところが出てきて結果として「新築のほうがいいですよ」と言ってしまうこともあるだろう。アイデアの少ない設計者ほど、早い段階でそう言ってしまうのではないか。どこまでその言葉を我慢できるかは、もしかすると設計者の才能と腕前をはかる尺度になりうるかもしれない。

住宅レベルを超えると、単なる改装ではなく法的な用途変更や増改築に耐えられるか調査が必要になり、法規上必要なことは建築基準法や消防法のほかに、商業系であれば営業関係の法規にも対応しなければならない。建物竣工時の検査済証がない場合には、現況での法適合性証明のために「検査済証のない建築物に係る指定確認検査機構を活用した建築基準法適合状況調査のためのガイドライン」（2014年7月、国土交通省より）に基づいて「適合性」「適法性」を証明し、建物の防災性能や構造・設備が新しい用途に耐えうることを調査しようやく「設計」にこぎつける。そうなると調査途中のある段階からいろいろと難しい問題があることがわかってきてコストがどうなるか見当がつかなくなり、結果としてコスト予測が可能な「新築」を選んでしまうことになる。

それに加えて建築ストックを活用して行う事業に融資がつきにくい、という問題がある。金融機関だけでは建物の安全性等の審査が難しいという点のほかに、順法性にたいする金融機関側の態度が厳しくなってきていることもある。歴史的建造物となる以前の建物の活用が進まない原因はそういうところにもあるのではないか。

ここまでの説明で想像されるようにストック活用のプロジェクトでは、設計段階のコストは新築よりもはるかに大きくなる。そうなると設計の人件費分を工事で回復しようとする既往の「設計施工」ビジネスモデルは成立しない。理想的な建築ストック活用のプロジェクトでは徹底的に可能性調査をし、活用の知恵を出し、さまざまな工夫をしてなるべく工事にかける費用が少なくてすむようにして総事業費を安く上げることがよい。これはソフトフィーを支出することで工事費用を削減することであり新たな知的産業が創造されることであって「知価社会」としては望ましい方向である。

③市場があるかどうかがわからない

最後に残るのは結局この問題である。供給する側が「価値あり」というだけでは市場は作れない。すでに存在する市場に参入できるかどうかもわからない。リノベーションによって初期投資を安く抑えて「シェアハウス」「ゲストハウス」「民泊」などを始める事業者が多い、ということはそこには市場があるということだが、これらは住宅レベルの話であり。それを越えるスケールでの市場があるかどうか。

予想される事例1　第一種住宅専用地域、既存住宅を改修＋増築で、戸建て感覚の共同住宅を整備。投資額を抑制して利回りを確保するモデル。

予想される事例2　近隣商業地域の黒ずんだ古いビルをリノベーションして新築よりやすく賃貸。最近は新築工事費が高いので、初期投資を抑えたリノベーションは、収益総額は小さいが利回りとしては有利。土地と建物を賃借してリノベーションして転貸という事業が成立する余地がある。いずれにしても「所有と使用の分離」を前提としたビジネスモデルで考えることが必要である。

いずれもすでに実例がみられるようになっているが、それにしてもいまだ試行錯誤の段階である。立地を生かした成功例が積みあがることと、コンパクトシティを誘導する都市政策に沿う戦略も必要である。

■新しい市場を作る

こういう形でいずれ歴史的文化的価値が出てきそうな「プレ文化財」の建物を、本当の文化財・歴史的建造物になるまで、使いながらすなわち社会的な価値を生ませ続けながら生きながらえさせる手法を作り上げることがぜひ必要だ。

文化財そのものの使用価値については心配ない。民泊の仲介事業者の話によると、文化財レベルの住宅の場合、1泊20万円から50万円でも客はいるそうだ。世界を相手にビジネスにいそしんでいる人は、旅に非日常を求める。カナダの森林やアフリカの砂漠に泊まる体験の一環として、日本という異世界のそのまた歴史的建造物に暮らすという体験をしに来るのである。それは意図してそれらしく作られたのではない、ということが重要である。不便はそのままに、体験として提供されることが必要である。もちろんそういう客は毎日のように来るわけではないが、逆に日程に余裕があるからこそ管理にも力を入れられるので好都合である。民泊ビジネスは余裕のあるところからでなければ始められない。

それでは文化財になる前段階の「ただの古い建物」に価値を見出し、価値付けをして、付加価値を生ませるために必要なものは何か。まず前述した3つの「難しい」ことや「わからない」ことを解決に導くプロフェッショナルの活躍が期待される。建築技術者、デザイナー、法律家、不動産の専門家などだ。それに加えてもう一人重要なプレイヤーが必要である。中古品市場一般に言えることであるが、「目利き」がいなければ相場は維持されない。目利きが所有者に建物の価値をつたえ、使い方の提案をし、必要な人材を紹介し、価値を高めながら時を待つ。このようなサイクルが確立して初めて、商品は流通するのである。建築物以外での美術品ではあたりまえにやっていることなので、建築の場合には誰がその任に当たるのだろうか。私見ではあるが、「建築家」こそがそれであるべきと期待されているのではないか。逆に言えば目利きができてこその「建築家」ではないかと世間は感じるようになるのではないだろうか。

世界に通用する目利きを擁する「建築ストック市場」の誕生に期待したい。

健全な建築ストック市場が生まれれば、建物を新築するときにも新たな動機付けが始まるだろう。古くなるほど価値を生むような建物であれば、新築時に相応の投資をしても回収できるのだから設計も施工も質的に高いものになりうる。新築不動産投資の世界ではNPVを30年程度で算出して比較することが多いが、その際に決定打になるのは30年目の売却金額であり、これまでは都市部ではほとんどが地価の上昇分であった。事業用の建築物についてはこれまでは「建物は築年数に応じて均等に市場価値が下がっていく。賃貸事業の上での競争力も落ちていく」ことが前提されていて、建物の価値は評価の対象になると考えられていなかったのである。実際には設備などの陳腐化が起きていることが価値低下の主な要因なのだから、改修投資をして機能性・快適性を新築と同等に回復させられれば、賃貸事業の収益力は回復させられるのだが、これまでは建築時期が古いものは間違いなく建物の基本的な性能が低かったので、そのことが築年数の経過と混同されていたのである。これは、築年数は古くても立地とブランド力のある建物が、改修を重ねながら賃料水準を保っている事例が最近いくつも出てきていることからもうかがえる。こういう建物は償却が進んで固定資産税が低くなっている分、適切な改修投資が行われれば経済的な競争力が高くなる。

しかしながら前出のように古い建築物の中には、社会的な要求水準が低かった時代のものも多く「階の高さが低く、空間が貧しい」「設備を入れられる余裕がない」「構造に信頼性がない」などの理由で、競争力を持たせるのが難しいものも多い。もともと30～40年たったら建て直すことを前提として設計されているので、仕方がない。しかし一見そう思える建物の中にも、工夫のしようによっては救いようのあるものもあるはずで、それらを見出すのも目利きの仕事であるし、そういう目利きのできる建築家はすでに世の中にいる。

目利きの話を続けると、古びた建物を安価に賃貸して安定した収益を得たい人に対し、そういう物件を求めている需要者を紹介する仲介者も必要だ。その際の賃借条件は定期借家を前提とした上で、「改修は自由にさせる」「ただし法適合性を完全に保つこと」「その条件で、返却時には原状回復義務なし」としたい。このような需要者とはベンチャー事業者、芸術家、社会事業者など事業の収益力すなわち家賃負担力は低いが場所への希求はある人たちであり、これまでは不動産市場の主たる需要者と思われていなかった人たちである。いわゆる「すきま」の需要であり数も少なかった。しかしこれからは多様性のある少数者の集団として市場に現れてくるであろう。

■リノベーションは最適化できないところがいい

最近の新築建物は、実用上機能上の目的に最適化されすぎていて、どれもみんな同じようになっている。これは日本だけの現象ではなく、世界中で似たような建物ができている。超高層ビルとショッピングセンターはその典型だろう。人々の選好は国や地域の習慣や文化が異なるのに応じて違うはずなのに、おかしな話だ。

これは事業用の建物に限ったことではなく、美術館などの文化施設もみんな似ている。展示・鑑賞という行為が人類共通のものだと考えられているからだろうか。作品を見るその瞬間の行動は同じでも、その前後の行動様式には文化に裏付けられた多様性がある。スタジアムもそうだ。大空間を覆う構造形式にそれほどパターンがないとしても、限られた条件の中で地域の個性を発揮させることがそこに集う人に一体感と誇りとをもたらすはずなのに。地域に固有の文化を形に表していくことが建築家の役目であることに異論はなかろうと思うが、いまだに及び腰に見えるのは、20世紀を覆いつくした「インターナショナルスタイルという人類共通の最適解」が存在すると考えた社会思想の残滓かもしれない。

どんなものにも最適化は必要だが、それを突き詰めすぎて極限まで行くと、ひとつの時代にはひとつの形式しかないといった状況に収斂する。身の回りのちょっとした道具ならそれでもいいが、都市がそうなってしまったら恐ろしいことになるのは日本に住む人には想像がつくだろう。大都市郊外のどんな鉄道沿線も同じような駅前の同じような住宅地が広がっている状況を目の当たりにすると、多様性を失った文明の末路がディストピアとして思い起こされる。新築の建築物には要求条件に応じた最適解があるから、同時代の建物が類似してくるのは仕方がない。この点、古い建物をリノベーションした場合には、古さのレベルに応じた新しさの付与の仕方に無尽蔵の組み合わせがあるので画一的になりようがないところが個性の付与という点で有利である。使うところだけを新しくすればいいので使わないところはそのまま残しておくこともできる。とりあえず倉庫かなんかにしておき、利用が決まってから改めて必要な改修工事を行う。これなら投資も少なくて済むし、それなりに時間の厚みを蓄積した意匠が残り、町を彩ることになる。

建築物が歴史性を引きずって存在し続けることが、文明の存続にとって欠くべからざる条件になるということは自己撞着的だが歴史が証明してきている。だからこそ安易に建て直してしまうのではなく、「リノベーションが可能であり、それによって価値が上がる」と判断された建物については保存して活用する努力をするべきだろう。そして目利きとしてその判断をする人も、それを受けて保存活用の努力をする人も、ともに「建築家」を自認する専門家が当たるべき仕事なのである。

第六章 「復原」あるいは「復元」という行為について
――ホンモノとニセモノの分かれ道

田原幸夫（建築保存再生学／京都工芸繊維大学）

言葉の概念を説明するとき、日本語よりも英語の方が明快な場合がある。たとえば、壊されたり手が加えられたりした歴史的建物の姿を当初に戻す行為を日本語では復原あるいは復元などと言うのだが、それぞれの言葉の意味する概念に違いがあるのかないのか、極めて分かりにくい。

実はこの２つの言葉にはいまだ公式な定義はないようなのだが、建築の専門分野では、復原はRestoration、復元はReconstructionと英訳されている（※）。Restorationは、傷んだり破損した歴史的な建物を修理して、より完全な姿に戻すことであり、Reconstructionは、文字通り「造り直し」、つまりすべてが失われた建物を新しい材料で造り直すことである。日本の文化財の概念で言うと、「復原＝Restoration」された建物は補修された新しい材料の部分も含めて歴史的価値が評価され、重要文化財にもなりうる。一方、「復元＝Reconstruction」された建物はすべてが新しい材料による「現代建築」であり、文化財にはなりえない。

復原にしろ復元にしろ、その行為には大きな矛盾が含まれている。復原（元）という行為は、失われた建物をそれが造られた過去の時代の意匠・技法・材料で厳密に再建するということなのだが、たとえば現役の施設として使うことが想定されている近代の建物を復原（元）する場合には建築基準法を遵守することが求められ、その結果復原（元）といっても、せいぜい外観意匠の再現に留まらざるを得ないからだ。また、建築基準法が適用されない国宝や重要文化財という限られた分野においてさえも、創建時と１００％同じ技法・材料で復原するということは現実には極めて困難なことなのである。

筆者は過去に、近代建築の復原および復元がテーマとなるプロジェクトに設計者として関わることになった。その経験をもとに、改めて復原あるいは復元という行為が持つ意味と課題を考えてみたい。なおこれらのプロジェクトは、歴史遺産の保存と継承に関する困難な課題と向き合いつつ、多くの関係者の協力のもとに進められたものであるが、本稿では、復原あるいは復元という行為に限り、筆者個人の考えをまとめたものであることをお断りしておきたい。

■復元（Reconstruction）の事例「新橋停車場」

復元の経緯

明治5年（1872年）、新橋・横浜間に我が国初の鉄道が開通した。新橋停車場は、アメリカ人技師ブリッジェンスにより設計された木骨石張りという独特の構造で、横浜停車場もほぼ同じデザインであった。

大正3年（1914年）には東京駅開業に伴い新たな新橋駅が誕生し、新橋停車場は貨物駅・汐留駅として生まれ変わった。しかし大正12年（1923年）の関東大震災により駅舎は焼失してしまったのである。

昭和40年（1965年）には「旧新橋横浜間鉄道創設起点跡」として国の史跡に指定され、昭和61年（1986年）貨物駅が廃止の後、平成3年（1991年）から埋蔵文化財調査が行われた。この調査では、関東大震災ですべて失われたと思われていた地下の基礎遺構がほぼ完全な形で発掘され、平成8年（1996年）、史跡指定範囲を駅舎に加えプラットホームの一部も含むものに拡大して「旧新橋停車場跡」と名称変更された。このことにより、従来の記録保存の方針が大きく変更され、駅舎の復元を軸とした保存活用検討に入ったのである。

クライアントから設計者への要求条件は、旧新橋停車場の建物とプラットホームの復元であった。

しかし現実には、図面はもちろん、信憑性のある資料はほとんど残されておらず、法的には建築基準法の適用除外（※）も一切ないという状況からのスタートであった。先ず我々は、今回のプロジェクトにおいて保存すべきものは何かを考えた。現場を訪れて感じたのは、地表下に130年近く存在した基礎石のホンモノとしての迫力であった。また奇跡的に正面階段の最下段の段石がそのまま残されていたのである。方針は決まった。

復元のコンセプト

今回のプロジェクトにおいて「保存」すべきは、国指定史跡の中に残された旧新橋停車場の遺構でなければならない。そしてかつての鉄道発祥の地としての〝場の記憶〟も、この遺構というホンモノの遺産の上に、大切に継承されるべきだと考えた。埋蔵文化財調査によって、駅舎とプラットホームのほぼ完全な遺構が発見されていたことに加え、明治5年の停車場竣工時の鮮明な写真（※）が残されていたことが、〝場の記憶〟を継承するための大きなヒントを与えてくれた。それは遺構の真上にかつての停車場の「外観」を忠実に再現することで、〝場の記憶〟を確実に継承するというアイデアである。

埋蔵文化財調査により確認された新橋停車場の遺構は、風化等を防ぐため埋め戻して保存するという方針が決められた。しかしこれらの貴重なホンモノとしての歴史遺産をなんとか公開して訪れる人々が直接確認できるようにしたいと考えた。検討の結果、正面エントランス階段の段石・外壁下の礎石・プラットホームの立ち上がり部分を、見学窓の中で見られるように設計を行った。失われた地上駅舎の復元にあたっては〝推測を排除した外観復元〟という基本コンセプトを設定した。新橋停車場は当時の名所であり、夥しい数の錦絵が残されている。しかし、復元にとって信頼に足る資料は当時の写真であると考え、写真の3次元解析により、寸法・ディテールを決定することとした。

復元の手法とディテール

新しい材料による「造り直しとしての復元」において設計者が基本とすべき姿勢は、出来上がった建物が歴史的遺産であるという誤解を生まないこと、つまり、復元建物が現代建築であることを明示することなのである。復元建物がホンモノの歴史遺産でないということを明確にしておくことが、逆に復元建物をニセモノにしないための唯一の道である。

以下、復元駅舎が現代建築であることを証明する代表的なディテールをご紹介したい。

○乾式工法による明治の石積みの再現

創建時の木骨石貼りの建物の外壁は、厚さ5～6寸（15～18㎝）の伊豆斑石（伊豆地方特産の凝灰岩）が積まれ、目地は漆喰で固められていた。しかし復元された現代の駅舎は鉄筋コンクリート造であり、外壁の石はそのコンクリートの表面に貼られた厚さ4～5㎝の挽き石である。また地下の遺構を傷めないための軽量化と、地震時の揺れへの対応など、現代の建物に求められる性能を確保することが設計の条件となった。詳細検討の結果、石はモルタルではなく金物でコンクリート面に取り付ける「乾式張り」とし、石の間の目地は2㎜の空目地として、地震時の動きにも対応できるようにした。現代のディテールによる石の外壁は、明治の石積みをイメージさせつつ、復元駅舎が21世紀の建物であることを明示している（図6－1、6－2）。

○21世紀のデザインであることの刻印

現代の意匠で新たにデザインされた部分には、現代の作品であることを表明する「2003」という竣工時の西暦年号が刻まれている。たとえば金属で作られた手摺やプラットホームの上屋を象徴するフレームなどである。また正面中央の出入り口は、古写真では仮の庇が架けられており、その形状・材質が不明であった。そこでアーチの開口を新たにデザインし、その材料は石ではなく、現代の材料としてのコンクリートで造られた（図6－3、6－4）。

○現代の付加物のデザイン

建物を生かして使うためには電気・ガス・水道といったエネルギーの供給が必要である。しかし復

図6-1　写真から忠実に再現された外壁のデザイン

図6-2　現代の工法を示す2mm幅の空目地の詳細

図6-3　ホーム上の現代のアルキャストフレームには2003という竣工年を明示

図6-4　新たにデザインされた中央部開口は「コンクリート打ち放し」とし、再現部分と区別

図6-5　配管立ち上がり用ボックスはガラスとし、現代の付加物であることを明示

元駅舎は遺構の上に載っているため、史跡である地下からの引き込みは不可能であり、遺構の外側から建物外壁に沿って配管を立ち上げる必要があった。その配管類をカバーしているのが建物両サイドにあるガラスボックスである。歴史意匠とは対照的な材料・意匠により、現代の付加物であることを明示した（写真6－5）。

■復原（Restoration）の事例「東京駅丸の内駅舎」

復原の経緯

東京駅は１９１４年12月に竣工し、その鉄骨煉瓦造という構造の堅牢さにより、９年後の関東大震災でも被害を受けることはなかったが、第二次大戦末期、１９４５年5月の空襲によりその屋根や内装・建具などはすべて失われてしまった。しかしその後、駅としての再生を図るべく、約1年半という短期間の中で戦災復興のための改修設計と施工が行われ、１９４７年3月には、今回の保存・復原工事着工まで60年以上生き続けることになる戦後の東京駅の姿が完成する。

高度経済成長期においては、幾度となく東京駅の建て替え・高層化計画が持ち上がるが、１９８７

年の国鉄分割民営化以降、社会の保存運動の後押しも受けながら、ついに2000年直前に保存・復原という大方針が決定された。そして保存・復原への具体的取り組みが、2000年に創設された特例容積率適用区域制度（2004年に特例容積率適用地区制度に改正）と、2003年の国の重要文化財指定を契機としてスタートした。その後3年間の基本・実施設計、約5年半にわたる難工事の末、無事竣工を迎えたのである。

復原のコンセプト

2012年10月1日、重要文化財・東京駅丸の内駅舎は保存・復原の大工事を終え、創建時の雄姿が甦った。しかしそれは辰野金吾の設計により1914年に竣工した時の姿に100%戻された訳ではない。

復元の場合と同じく、復原においても推測による行為は厳しく禁じられているが、今回のプロジェクトではそれに加え、創建以来の各時代の痕跡も大切すべきであろうと考えた。文化財の復原においては長い間、時代とともに変化した建物を、創建時の姿に戻すことが行われてきた。これを〝当初主義〟と言う。しかし現代の保存修復理念においては「すべての時代の正当な貢献（※）」を大切にすべきことが確認されている。つまり当初の姿だけではなく、その建物の経てきたすべての時代の痕跡を、正しく評価することが重要なのである。こうしたことを踏まえつつ、すでに失われあるいは姿が変わってしまった建物の部分に、どのように手を加えるかということがプロジェクトの大きなテーマであった。

東京駅丸の内駅舎は重要文化財である。したがって先に述べたように、法律上は建築基準法が適用されない。しかし毎日100万人近い人々が利用する建物が、一般の建物より安全性や機能性が劣っていいはずはない。建築基準法適用除外といっても、現実には建築基準法と同等の性能を持った建物とすることが求められるのである。ここにも現代の復原における一つの大きな課題があった。

東京駅丸の内駅舎における復原についての考え方を改めて整理すると以下のようになる。

・失われた部分の復原については、当初の仕様が判明しているものは厳密に復原するが、仕様が明確でないものは、推測による復原は行わず、全体と調和する新たなデザインを導入する。
・「すべての時代の正当な貢献」に対する配慮として、後世の仕事でも優れたものは保存し、あえて当初の姿に復原しない場合もありうる。
・駅、ホテル、ギャラリー（美術館）という、現代の複合施設として将来にわたり使い続けるために、復原部分であっても、現代の建物要求性能は完璧に確保する。

これらを設計の基本方針として明文化し、プロジェクトがスタートした。

復原の手法とディテール

東京駅は戦災復興の姿で重要文化財に指定されたが、実は指定後の復原工事によって、建物を辰野金吾のデザインによる大正3年（1914年）の創建時の姿に戻すことが期待されていた。しかし、前述の通り、戦災を含む100年の歴史を背負った建物の復原という行為は実に厄介なものとなる。また、過去のデザインを再現しつつ現代の施設として求められる建物性能を確保することは非常に困難な課題であった。

以下、こうした課題についてどのように考え対応したのか、主な手法を紹介したい。

○屋根と塔屋の復原

創建時の屋根と塔屋は戦災によりすべて失われていたが、そのデザインは実施設計図や多数の写真によりディテールまでほとんど解明することができた。創建時の仕上げ材は天然スレートと銅板であり、天然スレートは宮城県雄勝産のものが使われたという記録がある。

しかし戦災後の複数回の屋根の改修によって、復原工事前の屋根には宮城県登米産と岩手県陸前高田産の材料が使われていた。復原に当たっては創建時に使われた由緒ある雄勝産（新材）を中央部屋根に、登米産（再利用材）を南北ドーム屋根に配置し、その他の屋根には雄勝産のものと色や性能が極めて近いスペイン産を補充して復原した。実は２０１１年3月11日に発生した東日本大震災によって、石巻で東京に発送用の梱包が完了していた登米産（再利用材）と雄勝産（新材）の天然スレートが津波被害を受けるという不幸な状況があった。一時は国産材の使用は無理かとも思われたが、幸いにも65％程度のスレートが被災後も石巻の工場跡に奇跡的に残置しており、この材料を現地の関係者のご協力により、表面を洗浄の上現場に搬入できたことで、屋根の重要な部分を国産材で葺くことが可能となった（図６－６、６－７）。

また、文化財を使い続けるためには、現代の要求性能を確保することが重要である。復原屋根に関しては、十分な防水性能を確保するという課題があった。そのため天然スレートと銅板の下に、現代の防水工法であるアスファルトルーフィングを付加した。現代の復原における建物性能確保の一つの事例である。

１００年前の建物を復原する過程においては、様々な歴史が明らかになり、また現代社会の要請を受け止める必要があるが、その中で関係者が最善の努力を続けることこそが、未来に正しい歴史を繋ぐことなのかもしれない。

○南北ドームの内装復原

南北ドームは戦災により焼失したが、内部を飾った漆喰と石膏のレリーフはその痕跡が残されてお

図6-6　津波被災後のスレート工場の惨状と、奇跡的に残っていた発送前の天然スレート

図6-7　復原された建物の屋根と塔屋を彩る天然スレートと銅板

り、鮮明な写真も存在していたことから復原が可能と判断された。ただ創建時のレリーフを復原するためには戦災復興工事で作られたドーム天井を撤去することが必要になる。

このドーム天井はローマのパンテオンに範をとったデザインで、戦後の物資不足の中でジュラルミンと鉄板により緻密に作り上げられたものであった。ここでは創建時への復原と、後世の優れた仕事も残すという方針がまさにぶつかり合った。その結果、ドーム天井は撤去するが、戦災復興のドームのデザインを1階の床に転写し、未来へと記憶を残す、という方法がとられた。

創建時のレリーフの復原は、現地に残された痕跡と詳細な写真によりほぼ完全に再現ができたが、問題は色であった。1914年の竣工写真はモノクロのため、当時の文献にみられる色の記述と辰野作品の事例から3段階の「卵色」を選定し、それをモノクロ写真にして、濃淡を創建時の写真と比較して決定した。推測を完全に排除するということが現実にはいかに難しいかという事例である。

なお南ドームの一角には灰色の石膏レリーフがはめ込まれているが、これは創建時の石膏レリーフの状態のいいものをそのままの姿で保存したものである（図6－8、6－9、6－10）。

○線路側コンコースの外壁復原

線路側の外壁は戦後長い間、その前面（東側）に壁や店舗が設置されていたが、今回の工事でコンコースに開放され、駅利用者から直接見えるものとなった。しかし線路側の外壁は戦災で最も被害の

図6-9　戦後の金属ドームの記憶を残す床のデザイン（大理石による「だまし絵」）

図6-8　復原により撤去された戦災復興工事による金属ドーム

図6-10　復原されたレリーフ内に保存されたオリジナルの石膏装飾

図6-12　戦災復興工事による補修モルタルが撤去され、躯体煉瓦のままとされた旧内壁部分

図6-11　創建時のデザインに復原され、コンコースに開放された東側外壁

大きかったところであり、被災した外壁面は戦災復興工事の過程で、表面から4～5㎝を撤去の上、全面モルタルで補修されていたため、当初のデザインはすべて失われていた。
　さらに調査の結果、戦前まで線路側には平屋の建物が接続しており、多くの部分が室内の壁になっていたことが判明した。つまりこの部分に外壁のデザインを再現することは、ニセモノの歴史を作ることになる。
　そこで内壁だった部分は、補修されたモルタルを撤去した時に現れた煉瓦躯体そのままとし、あえて復原しないこととしたのである。煉瓦壁の中に見える黒い部分は内装材を釘で固定するための「木煉瓦」であり、戦災により真っ黒に焦げていたが、正真正銘のホンモノである（図6－11、6－12）。

■歴史を正しく継承するために

最後に、復原や復元におけるもっとも重要でかつ基本的な理念を確認しておきたい。これは、歴史を未来に正しく継承するために、20世紀以来、文化遺産に関わる世界の専門家たちが議論を積み重ねた末の合意事項（※）であり、復原や復元をニセモノにしないためのポイントである。

1　復原（元）によって再現される部分は、厳密で信憑性のある資料に基づき、けっして推測が入り込んではならない。推測による行為は歴史を偽造する恐れがあるからである。

2　復原（元）という行為が認められるのは、建物の全部あるいは一部が戦争や災害等によって、建物関係者の意思に反して失われた場合に限られる。

我が国において長年にわたり行われてきた建物や町並みの復原や復元を、改めてこうした視点で眺めつつ、ホンモノとニセモノの分かれ道を真剣に考えてみることが、近年極めて重要に思える。現代に生きる我々は、未来の世代にホンモノを手渡す義務があるからである。

※復原はRestoration、復元はReconstructionと英訳されている　例えば「建築雑誌」１９９３年8月号「特集 -

保存・修復・復元のフィロソフィー」を参照。

※建築基準法の適用除外　重要文化財等に指定されると建築基準法は適用除外となることが同法第3条に謳われているが、新築としての復元建物は対象とはならない（特定行政庁が建築審査会の同意を得て適用除外とする場合もある）。

※明治5年の停車場竣工時の鮮明な写真　1870年から横浜で刊行されていた英字新聞「The Far East」誌に掲載されていた2枚の外観写真は外装の詳細まで読み取れるもので、この写真の詳細な分析に基づく正確な「外観復元」を行うことを決定した。

※すべての時代の正当な貢献　例えば「ヴェニス憲章」第11条参照。

※合意事項　「ヴェニス憲章」「ドレスデン宣言」などＩＣＯＭＯＳの各種憲章・宣言、および「世界遺産条約履行のための作業指針（ＵＮＥＳＣＯ）」などに込められた理念。

※本章の写真はすべて田原幸夫撮影

コラム③　「ファサード保存」はもうやめよう

戦後の建築基準法においては長い間、建物の「高さ規制」が存在した。戦前の市街地建築物法の100尺規制に由来する31mという高さの制限が都市の景観を作っていた。しかし1961年には特定街区制度が創設され、特定の地区について高さ規制が解除される。

さらに1963年には容積地区制度が導入され、1970年には建築基準法における「高さ規制」が廃止され「容積率規制」が全面導入された。その後、現在の東京の都心部では1000%をはるかに超える高容積が認められるようになり、さらに特定街区、特区制度などの手法によって、法定容積率に上乗せする容積のボーナスも与えられ、200mを超える超高層ビルが林立する状況となった。

こうした中で低層の近代建築は苦境に立たされる。つまり都心部に建つ近代建築のビルオーナーにとって、そこで法的に認められた許容容積を使いきれないことは、即ビジネス上の不利益となるからである。不動産ビジネスの視点からはまさに「宝の持ち腐れ」なのである。その結果、古い建物を全部取り壊しての新築となる。あるいは古い建物の記憶を残すために、ファサード（建物外壁意匠）を新築建物に組み込むことが行われるのだが、ここで厄介な問題が発生する。それは建築としての品格の問題、あるいは文化財的にはオーセンティシティ（真正性・本物としての価値）の問題である。

ファサードだけになった古い建物はもはや「建築」ではなく、それは一種の「剥製」と言ったほうがいいのかもしれない。さらにオリジナルの外壁すら保存できず、似て非なる復元外壁を張り付けたものまである。高層ビルの足元に張り付けられたこうした外壁を見るたびに、もし当初の建物の設計者がこれを見たらなんと思うのだろうかといつも考える。またこれから先の時代、この古い外壁が張られた建物自体が取り壊される時が来るかもしれない。その時人々は何を残そうとするのだろうか。

1980年代、保存と開発の共存と称して「ファサード保存」が盛んに行われるようになった頃、ある保存のシンポジウムの後、当時町並み保存連盟の中心的存在であった故・石川忠臣さんに呼び止められた。石川さん曰く「高層建築の足元に古い外壁を張り付けるデザインは何かおかしいと思うんだ。でも建築の偉い先生方は、あれが新しい保存の手法だ、と仰るんだよね」

僕はそれに対して以下のようにお答えした。「石川さんの感覚が正しいと思います。古いファサードを張り付けても歴史的な建物を保存したことにはならないし、建築のデザインとしても異様ですよ」と。それ以来、石川さんはファサード保存を称して堂々と「天ぷら保存」「腰巻保存」と発言されるようになった。

僕はなんとなく、アンデルセンの童話「裸の王様」の最後のシーンを思い出したものである。

（田原幸夫）

ファサード保存をコラージュ手法で批判した学生作品（佐久間統益 作）

コラム④　「文化財」も「建築」である

日本の社会においては長い間「文化財」と言えば〝特別な伝統的建造物〟というイメージがあり、日常的に使われている一般の建築とは異なるもの、という感覚があった。しかしいまや我が国でも、戦後に造られた建築も重要文化財として指定される時代となり、文化財も「特別な宝物」として保護されるだけのものではなくなった。さらに近年世界的にも、保存すべき20世紀建築をLiving Heritage（生きている遺産）と呼び、使い続ける保存の在り方を追求しようという動きが広がっている。そしてこれらの建築には、民間の所有者のもとで日常的業務に使われ続けている現役の施設が数多く含まれている。歴史的建造物を使い続ける場合の課題、それは文化財的価値（Authenticity真正性・守るべき本物としての価値）と建築的性能（日常的に使い続けるための安全性、機能性、快適性など）をいかに調和させるか、というところにある。つまりLiving Heritageにあっては、今までのような文化財における「保存するための修理」だけではなく、現代建築と同等の性能を確保する「活用するための設計」という行為が必須となり、そのためには現代のデザインと技術に習熟した建築家（※）たちの参画が絶対に必要なのである。しかしことはそれほど簡単ではない。

我が国の長い歴史において、建物はもともと「建築家」という職能が存在しない社会で「棟梁」という設計施工を一貫して取り仕切る人々によって造り上げられてきた。そしてそれらの建物が文化財となり、改めて保存修理が必要になったとき、その仕事に携わるのは、公の組織に属する修理技術者や建築史家だった。しかし明治政府の欧化政策によって日本に導入された所謂「欧風近代建築」は、明治期以降に生まれ育った日本の建築家たちによって設計されたものであり、こうした近代建築の多くが文化財として認められるようになった現在、建築家はより主体的に、先輩たちの〝作品〟であるこうした文化財の保存に関わりを持つべきなのである。しかし我が国においては、文化財、とりわけ重要文化財の保存修理（※）は専門の修理技術者の仕事であり、一般の建築家はほとんど関わってこなかった。これは重要文化財の保存修理が活用よりも当初への復原を重視してきたこと、国の補助金事業として行われてきたことなどに関係している。しかし今後ますます増加すると思われる多様な文化財の保存活用事業を、税金だけに頼ることは不可能であろう。社会全体で保存事業を支えるシステム作り（※）が急務なのである。

一方、大学や大学院における建築教育においても多くの課題がある。日本の大学の建築専攻課程において、歴史学の一環としての「文化財保存学」の教育は昔から行われていたが、建築遺産を活用し豊かな生活環境を創造するという「保存活用デザイン」への取り組みは、近年までほとんど実施されてこなかった。大学では、現代建築として如何に斬新であるかを競うようなデザイン教育が行われてきたのである。しかし海外においては、ヨーロッパの大学を中心に、１９７０年代から建築遺産の保存活用デザインに対する取り組みは確実に行われてきており、建築家が積極的に歴史遺産と向き合い、歴史と現代が調和した素晴らしい作品をたくさん見ることができる。さらに最近では、オランダのデルフト工科大学にある「Heritage & Architecture」という建築専攻コースが注目される。その名称が示す通り、建築遺産の保存と建築デザインを一体のものとして捉え、歴史的環境を活かしながら、現代の豊かな生活環境作りを行うための専門教育が実施されているのである。日本の大学においても「保存活用デザイン」という、歴史研究とデザインを総合化した専門教育コース（※）が今後数多く設立されることを祈りたい。

現代建築を設計している日本の建築家たちが、保存の理念や活用デザインを働きながら学べる、社会に開かれた教育システムの構築も緊急に必要であろう。日本には優れた現代建築がたくさんあり、世界的に活躍する建築家も多い。しかし一方、歴史と現代が調和した近代建築保存の成功例は極めて少ない。これは実にもったいない状況だと思う。歴史遺産に向き合い優れた活用設計を行うためには、やはり過去に積み重ねられた先人の智慧に学び、保存における基本理念を十分に理解することが肝要なのである。ただの感覚で活用デザインに取り組んでも、〝残したつもりが大失敗（※）〟という結果になりかねない。

21世紀を迎えた今、未来の世代にホンモノの環境を手渡してゆくためにも、我々日本人は今こそ、歴史と現代が調和した、真に豊かな生活環境を創り上げるという課題に、正面から向き合うことが必要なのである。

（田原幸夫）

※建築家　本稿では、設計を日常業務とする実務設計者（一級建築士）を「建築家」と定義する。
※重要文化財の保存修理　重要文化財建物の場合は、その仕事を統括する設計監理者は国（文化庁）の承認を受けた「重要文化財建造物修理工事主任技術者」でなければならないと国の補助金交付要綱に定められている。しかし重要文化財であっても、国庫補助金を受けずに民間資金のみで保存修理を行う場合には、それを統括する設計監理者の資格条件は定められていない。
※社会全体で保存事業を支えるシステム作り　例えば、特定街区制度を活用した容積率の割り増し（三井本館、明治生命館など）や、特例容積率適用地区制度による容積移転（東京駅丸の内駅舎）などの例がある。
※歴史研究とデザインを総合化した専門教育コース　筆者の所属する京都工芸繊維大学大学院建築学専攻では２０１４年度から、「建築都市保存再生学コース」という1年間の特別教育プログラムをスタートさせている。
※残したつもりが大失敗　故・鈴木博之氏の論文タイトルより引用。『施工・建築の技術』（彰国社　１９９４年２月号）参照。

コラム⑤　中国をフェイク大国と笑えるほど日本人は本物志向か？

ブランド品からドラえもんまで中国ではさまざまな偽物が横行し、フェイクじゃないものを探すほうが難しいくらいだ。ついには町並みまで真似するようになってしまい、杭州市に登場した広廈天都城というニュータウンは、一見するとまるでパリの町のよう。中心部にはご丁寧にエッフェル塔まで建っているそうだが、サイズは本物の3分の1しかないそうだから迫力には欠ける。結局、偽物はどうやっても本物には勝てないのである。さすがの中国人もこんな町には住みたくないようで、ほとんど空室だそうだ。

そんな偽物ばかり生み出す中国人を日本人は何かにつけて笑う。しかしそんな私たちも、どこまで本物志向なのだろうか。少なくとも町づくりにおいては、偽ドラえもんのようなことを平気でしていることが多いのである。

例えば、高速道路の東北道の羽生サービスエリアや、羽田空港の国際線ターミナルには、フェイクで造った昔風の町並みがある。奈良の平城宮跡が世界文化遺産になっているが、そのなかにある大極殿や朱雀門は、学者が研究して推定して造ったものではあるが、そのような建物が本当に建っていたかどうかは、きわめて不透明である。

それらはまだましな方で、江戸を語った温泉ランドから忍者村、天守閣のなかったお城に天守閣をつくってしまうなど、歴史を偽装したものが町にあふれている。身近なものでも、住宅には石や煉瓦を真似た新建材でつくられた外壁が使われている。あるハウスメーカーの家には、著名な建築家のデザインを使っているようにみえるものもある。

ヨーロッパやアメリカにも、テーマパークはあるし、著名な建物や古典建築のデザインにならった建物はある。けれども、日本のように偽装が新建材にまで及んでいないし、著作権侵害のようなものは少ない（実際には、ネタもとの建物が古いので、著作権侵害は発生しない）。そのせいで、私の知人の外国人などは、大極殿や朱雀門が、江戸風温泉ランドと同レベルのものだと思っていたほどだ。

町並みの景観などを考えると、新しい建物でも古い建物にならっていくことは大事である。その場合、新しく造る建物はデザイン的にちゃんと歴史を踏襲しているのか、できればちゃんと考えていきたい。そうでなければ、偽ドラえもんや偽パリと同じで、すぐに化けの皮が剥がれ、人が寄りつかなくなってしまうだろう。

レベルの高い類似品は、本物の良さを再認識させてくれて、歴史や文化の底辺の広がりとなりブランドの価値をさらに高めてくれる。その一方で、レベルの低い偽装は、ブランドの価値を消費しているだけで、やがてはブランド自体の信頼性も失墜させてしまう。界隈性の高い町づくりをしていくときに多少のフェイクが入り込むのはしかたがないが、中核となる歴史的建造物は、できる限り本物の状態で保存していきたい。なぜなら、歴史は一度失ってしまうと、取り戻すのに膨大な時間がかかるからである。

（後藤　治）

第七章　歴史的建造物保護制度の現状と今後の方向性について

林　保太（文化庁長官官房政策課文化プログラム推進室室長補佐）

日本における歴史的建造物の保護は、明治維新による西欧文化の受容（文明開化）によって巻き起こった旧物排斥、廃仏毀釈の嵐に抗う形で明治30（1897）年に制定された古社寺保存法に「特別保護建造物」指定制度が定められ、平等院鳳凰堂や法隆寺金堂・五重塔・夢殿、中尊寺金色堂などの古社寺の建築が指定されたことに端を発する。この制度は、昭和4（1929）年の国宝保存法、そして、昭和25（1950）年制定の文化財保護法に基づく「国宝・重要文化財（建造物）」（以下「指定文化財」という）に引き継がれている。

■時代によって変わっていく建造物保護制度

時代の流れと社会状況の変化に伴い、城郭建築や邸宅建築、古民家など、存続の危機に晒される建造物を救うため、保護の対象は段階的に拡がってきたが、基本的な考え方は「その時代、その類型の典型例を指定し、永久的に、できるだけその建造物が建てられた当初（増改築を経ている場合にはその最盛期）の姿のまま「物」として残す」であり、指定したものは税制優遇と保存修理への財政支援（補助金交付）により手厚く護る、というスタイルが主流であった。

一方、日本社会における建造物一般に対する考え方、特に、戦後の高度経済成長期から最近に至る都市部での考え方は、人口が増加の一途を辿ったこともあり、土地利用効率の低いものを廃棄し、ビルなどの工業製品的建造物に建替えていく（その方が金銭的にも安上がり）というものであった。歴史的建造物は維持費のかかるお荷物としてどんどん取り壊され（あるいは利用価値のないものとして放置され）、それぞれの都市は持っていた文化的統一性やアイデンティティを失い、結果として、一定の快適性や利便性を手に入れたものの、無個性な都市へと変貌することとなった。

また、建替えの周期がどんどん早くなる傾向にあり、将来、歴史的な評価を受けるべきと目される建造物でさえ、適切な評価を受ける前に消えてしまうという事態も生じてきた。

■「保存して活用」から「活用することによって保存」へ

この危機的状況に対応するために設けられた制度が平成8（1996）年に創設された「登録文化財制度」である。建造物のかたちを変える行為を現状変更と呼んでいるが、指定文化財はこれに対して「許可制」という強い規制がかけられている。一方、登録文化財は「届出制」という緩やかな規制であるとともに、外観の保存に主眼を置いている。つまり、外観を維持した内部の改変を容易にすることで、時代に応じた新たな活用により、歴史的な景観の維持を促すとともに、地震などの災害時に救済すべき建造物を色分けしておくマーキングの役割も担っている。

しかしながら、現状変更が届出制ということは、解体撤去も届け出れば可能ということであり、これまでに130件以上の登録文化財建造物が解体・除却されている。その理由は様々だが、多くが維持費を捻出できない、老朽化に対応する投資ができない、あるいは、所有者が変わり、再開発のために除却される、といった経済的な理由が目立つ。

このことは、歴史的建造物の存続が、実はその建造物に縁がある、あるいは愛着を持っている人々の心意気に支えられており、その当事者が限界を感じた時点でその建造物は消えていく運命にあるという極めて脆弱な地盤の上に成り立っている事実を示している。即ち、登録文化財制度であっても、残念ながら所有者の立場に立った視点で設計されてはいないと言わざるを得ないのである。

例えば、登録文化財として登録された建造物は、固定資産税が2分の1に減免されるが、その対象は「建造物」だけであり、土地は含まれない。しかし、現在の資産評価の考え方では、建造物の価値は新築時が最も高く、時間の経過とともに減価していくため、登録文化財になるような建造物の評価額はほぼゼロであり、所有者に課される固定資産税の課税基礎はその建造物が在る「土地の評価額」なのである。歴史的な景観を維持するという目的から考えれば、「その場所に建っている」ということに大きな価値があり、少なくとも建造物の底地部分は減免の対象にすべきと考えられる。また、その建造物の所有者が個人である場合には、相続時に存続の決断を迫られる。現在、相続税算定の基礎となる評価額を減免（重要文化財は70％、登録文化財は30％を減免）しているが、平成27（２０１5）年から相続税の基礎控除額を引き下げる改正が行われたこともあり、指定文化財・登録文化財を継承する場合には相続税を猶予する制度の創設や、減免率の引き上げを行う過渡的な措置など、さらに踏み込んだ仕組みの整備が必要となっている。

ただ、税制優遇は、例えば登録文化財制度の創設、変更、改正が行われる際に、隣接する制度とのバランスを考慮して設定されている（税務当局はそのように考えている）ことから、現在の指定制度や登録制度の税制面だけを変えるということは、ほぼ不可能な状況にある。

そもそも文化政策における歴史的建造物の保護は、極論すれば「社寺建造物をどうするか？」ということが最大の命題であった。社寺の所有者は基本的に宗教法人であり、もともと法人として税制上の優遇措置を受けていることから、優遇措置の改善は政策上あまり重視されず、専ら莫大な修理費を補助する予算の獲得に力が注がれてきたという現実がある。しかしながら、今後は個人所有や企業所有の建造物の重要性が増してくることから、さらに多くの歴史的建造物を保護の対象とする制度の設計を考え直さなければならない状況が迫ってきている。国の財政が逼迫する中で、従来のような補助金（税金）頼みの発想では、指定文化財すら護ることが難しくなると予想される。

また、歴史的建造物保護の「最後の切り札（セーフティネット）」は、元々の所有者が持ちきれなくなった場合には「公有化（地方公共団体が所有）する」という構図であったが、地方公共団体も財政難で苦しんでおり、そうした考え方は既に破綻していると考えられる。

さらに、「保護」とは「保存と活用の両方を含んでいる」と言いながらも、実際には保存優先であった。「活用」ということの意味は、ほぼ「公開＝物として見せる」ということであり、その建造物が継承されていく際に必ず介在する「人の存在」を軽視してきた実態も早急に改めるべきである。

日本は、人口が減少していく時代を迎える一方、日本文化の体験を求める訪日外国人がどんどんやってくるという、これまでに経験したことのない新たな時代を迎えている。今後は、これまで「価値がない」とみなされてきた歴史的建造物など、文化的アイデンティティを示す文化資源の重要性が益々大きくなる時代である。歴史的建造物は「保存して活用」するのではなく「活用することによって保存」していく時代となった。これからの時代にふさわしい規制の在り方、元々の所有者が代々受け継いでいくことを促すための優遇措置など、所有者側の視点に立った制度改革を早急に立案し、実現すべき時期に来ている。この認識を多くの人々が共有することが今後の日本にとって極めて重要と考えられる。

コラム⑥　建物の保存に経済合理性が導入された日

昭和25年に公布された文化財保護法は、戦前の国宝保存法を抜本的に改正したものであった。やはり、その主眼となるものは古都の社寺仏閣などの宗教建築であった。宗教的建築は経済合理性を追求するものではない。しかし事業法人が所有する建物は、間違いなく経済行為に使うものである。

平成8年には、登録文化財制度が発足（後藤治氏が文化庁時代に担当）し、幅広く事業法人が所有する建物も保護の対象となった。さらに、平成9年に文化財保護法に基づいて明治生命館（東京丸の内）が、昭和期の民間大規模オフィスビルとして初めて重要文化財に指定された。1年後には、三井本館（東京日本橋）がこれに続いた。これらの快挙は、関係者の熱意で実現したものである。具体的には、事業法人が所有する歴史的な建物を保存する際に、保存のインセンティブとして隣接地の開発に割増容積が与えられる仕組み（東京都の特定街区制度の中に歴史的建造物保存という要素が加わった）が認められたことも大きな力になっていた。このとき、初めて経済合理性という発想が建物保存に取り入れたのである。

しかし、隣接地がない場合はどうするのだろうか。この問題に対しては、平成12年に都市計画法が改正されて、当該敷地で使用されていない容積率を〝離れた敷地〟に移転できる「特例容積率適用地区制度」が導入されて、東京駅の保存が実現できたのだが、容積移転範囲が高度土地利用地区内に限られるなどその活用が進んでいない。〝離れた敷地〟を同一行政区内に拡大させるなど、マチ全体で活用できる方向での法律改正が渇望されている。

（本田広昭）

第八章　歴史的建造物の税制について

田中義幸（公認会計士／田中義幸公認会計士事務所）

歴史的建造物が失われていく原因のひとつに税制の問題がある。ここでは、それを考察するための資料として、現状と今後の動向について触れておきたい。

■現在の税制

最初に現行制度の概要を説明しておこう。

民間の個人や法人が建物や土地を所有すると、通常はその所有にも課税が生じ、相続や譲渡といった移転にも課税が生じる。といっても、一律に課税が行われるのではなく、それぞれの性格に応じて優遇措置などの特例が設けられている。それが歴史的建造物である場合には、国や地方においてどのような税制上の優遇措置が講じられているか、まず見ておこう。我が国の税制優遇措置は、主に重要文化財などに指定された建物や土地についてのものであるが、概要は次のとおりとなっている。

重要文化財等を譲渡した場合の優遇措置

①建物を譲渡した場合の譲渡所得の非課税等

個人が、重要文化財として指定された建物を国、地方公共団体、独立行政法人国立博物館、国立美術館、国立科学博物館に譲渡した場合、譲渡所得に所得税が課されない取扱いになっている（租税特別措置法40条の2第1項）。住民税も同様に課されない。

また、個人が未指定有形文化財のうち重要文化財と同等の価値があると認められるもの及び重要有形民俗文化財を、地方公共団体、独立行政法人国立博物館、国立美術館、国立科学博物館に譲渡した場合、譲渡所得の2分の1が控除される（租税特別措置法40条の2第2項）。住民税も同様に2分の1が控除される。

なお、会社などの営利法人が譲渡した場合の法人税等の優遇措置は特に定められていないが、公益法人、宗教法人、NPO法人などの非営利法人が譲渡した場合は、法人税等は原則として非課税である。

②土地を譲渡した場合の譲渡所得の特別控除

個人が重要文化財として建物とともに指定された土地を国、地方公共団体、独立行政法人国立博物館、国立美術館、国立科学博物館に譲渡した場合、譲渡所得の計算上、２０００万円の特別控除が認められる取扱いになっている（租税特別措置法34条）。住民税も同様に２０００万円が控除される。

公益法人、宗教法人、ＮＰＯ法人などの非営利法人が譲渡した場合は、法人税等は原則として非課税であるが、会社などの営利法人が譲渡した場合は、法人税等の計算上２０００万円の損金算入が認められる。

重要文化財等を相続した場合の優遇措置

個人が、重要文化財として指定されている建造物、登録有形文化財である建造物及び伝統的建造物群保存地区内の伝統的建造物の家屋及び構築物並びにその敷地（一体をなして価値を形成している土地を含む）の相続や贈与を受けた場合には、次のとおり、相続税や贈与税を軽減する取扱いがある。

相続税や贈与税の計算において、重要文化財は、財産評価額の70％が控除される。また、登録有形文化財は、財産評価額の30％が控除され、伝統的建造物である家屋等についても、財産評価額の30％が控除される。

公益法人、宗教法人、ＮＰＯ法人などの非営利法人が、寄附や遺贈によってこれらを取得した場合には相続税や贈与税はかからないのが通常であるが、寄附者やその親族等の相続税等を不当に減少する結果となると認められるときは、これらの法人に相続税や贈与税がかかることがある。

重要文化財等を所有する場合の優遇措置

①重要文化財等

重要文化財、重要有形民俗文化財、史跡名勝天然記念物として指定され、又は重要美術品として認定された家屋若しくはその敷地については、固定資産税及び都市計画税は非課税であり、特別土地保有税も課税されない。

②伝統的建造物

重要伝統的建造物群保存地区内の伝統的建造物（風俗営業に使用されるものを除く。）で文部科学大臣が告示するものについては、固定資産税及び都市計画税が課税されない。

③登録有形文化財等

登録有形文化財又は登録有形民俗文化財である家屋、登録記念物である家屋及びその敷地並びに重要文化的景観を形成している家屋で文部科学大臣が告示するもの及びその敷地に係る固定資産税及び都市計画税については、課税標準となるべき価格が2分の1に減額される。

④伝統的建造物の敷地等

重要伝統的建造物群保存地区内の伝統的建造物である家屋の敷地については、当該市町村の実情に応じ税額の2分の1以内が減額される。また、伝統的建造物以外の建築物等の敷地についても当該市町村の実情に応じて税額が適宜減額される取扱いとなっている。

■今後の税制の可能性

現行の税制優遇措置は、重要文化財等に指定されていることが前提になっているため、それ以外の歴史的建造物は優遇措置が受けられない取扱いになっている。優遇措置が受けられないと、固定資産税や相続税の負担のために歴史的建造物が取り壊されるおそれがある。ということは、税制がかえって歴史的建造物の取り壊し、ひいては消滅を促進する面があるということである。

そこで、そうした事態に歯止めをかけるため、税制に何ができるか。今後の税制の可能性を探ってみよう。

相続税・贈与税の納税猶予制度

農業経営を承継する者が農地を贈与する場合の贈与税の納税猶予制度は昭和39年に創設され、農地を相続する場合の相続税の納税猶予制度は、昭和50年に設けられて既に40年以上の歴史を持ち、林業経営を承継する者が山林を相続する場合の相続税の納税猶予制度は平成24年から行われている。

また一方、中小企業の後継者が株式を相続した場合の相続税の納税猶予制度も平成20年から実施され、医院の後継者が医療法人の持ち分を相続する場合の納税猶予制度も平成26年に設けられた。

我が国の税制は、このように農業、林業、中小企業、医業などの廃業を防ぎ、次世代への承継を円滑に進めるため、相続税・贈与税の納税猶予という思い切った援護射撃を行っている。

歴史的建造物の税制においても、その消滅を防ぎ、次世代への承継を円滑に行うためには、対象となる歴史的建造物の範囲を拡げて、一定の租税回避防止措置を講じた上でだが、相続税・贈与税の納税猶予制度を設けることが有効であると思われる。

歴史的建造物取得促進税制の創設

現行制度の下では、営利企業が歴史的建造物を取得し保護する誘因はほとんど存在しない。しかし、資金や人材を豊富に有する営利企業の力を、歴史的建造物の保護に活用しない手はない。そこで、営利企業による歴史的建造物の取得とその保護に誘因を持たせるため、歴史的建造物取得促進税制を創設することが考えられる。

歴史的建造物取得促進税制の下で、営利企業は高額の評価で取得した建物について美術品や骨とう品と同様に減価償却は行わず、財務諸表上も歴史的建造物として表示することによって企業の社会的ステータスが高まることになる。その一方で、税務上は、歴史的建造物の取得価額の例えば８割なら８割を一定の年限に亘って税額控除を受けられるようにする。つまり、企業は歴史的建造物を取得して企業価値が高まった分、８割の税額控除を受けて得したことになる。

これにより、今まで期待できなかった営利企業による歴史的建造物の取得と保護が期待できるようになる。

第九章　歴史的建造物保護の海外事例
——ナショナル・トラストとブルー・プラク・スキーム

大橋竜太（建築史学／東京家政学院大学）

イギリスの歴史的建造物といえば、カントリー・ハウスを思い浮かべる方も多いであろう。カントリー・ハウスとは、貴族の生活の拠点となる領地の大邸宅のことで、チューダー王朝期（１４８５〜１６０３）以降、各地で建てられ、イギリス建築史を語るうえで欠かすことができない存在となっている。建築的価値ばかりでなく、室内にある家具、絵画、書籍等の動産は、文化的価値が高く、イギリス文化史の宝庫でもある。イギリスでは現在でも、貴族たちがこれらのカントリー・ハウスを住まいとして生活を続けている。

■住み続けながら歴史的建造物を保存するナショナル・トラスト制度

しかし、これらのカントリー・ハウスが存続の危機に遭遇していた時代もあった。それは20世紀前半のことで、何とかしてこれらのカントリー・ハウスが失われるのを防がなければならないと、さまざまな方策が検討されていった。カントリー・ハウスの保存にとっての最初の逆風は、所得税の累進課税の強化、相続税の増額、土地課税などを柱として１９１０年に成立したデイヴィッド・ロイド・ジョージ（１８６３～１９４５）による人民予算であった。これにより、貴族の税制上の優遇は撤廃され、広大な土地・建物を維持していくには、財政的に苦しくなった。なかには、みずからの地所を分割し、売却しなければ、生活が成り立たない貴族もいた。そして、１９３０年代には、多くのカントリー・ハウスが存続の危機に立たされるといった深刻な事態に陥った。それを救ったのが、ナショナル・トラストによる「カントリー・ハウス・スキーム」と呼ばれる保存運動であった。

「ナショナル・トラスト」はよく知られた組織であり、わが国をはじめとし、他の国々でも類似の組織が設立されている。しかし、イギリスのナショナル・トラストの場合、その活動が法律によって担保されているところが、他の組織とは異なる点である。ナショナル・トラストとは、正式名称を「歴史的に重要な場所および自然美のため国民の基金」といい、「美しい、あるいは歴史的に重要な土地や建物を国民の利益のために永久に保存する」ことを目的として、１８９５年に設立された。この段階では、自然遺産や歴史的建造物を人々から集めた資金によって買い取って所有し、保護・保存していこうとする慈善団体の色合いが濃い組織であり、会社法に基づく一法人に過ぎなかった。しかし、12年後の１９０７年に、設立者のひとりであった弁護士のロバート・ハンター（１８４４〜１９１３）の尽力によって「ナショナル・トラスト法」が成立し、ナショナル・トラストは法的根拠をもった法人となり、歴史・自然遺産を保護する権限をもった。その権限とは第一に、保存の対象となる資産を「譲渡不能（inalienable）」とする法的権限であり、その宣言を受けた資産は、その後、売却されず、抵当ともなりえず、国会の許可がない限り、強制収用されることもないことが保証された。

また、ナショナル・トラストには、保有財産の管理と保護のために、規則制定権と入場料の徴収権が与えられ、保有資産を公開し、その入場料等を所有するプロパティの維持・管理費およびトラストの運営費にあてることができるようになった。とはいっても、ナショナル・トラストの活動には限界があった。ナショナル・トラストの資金源は、一般市民からの寄付と入場料収入であり、自然遺産や取り壊しの危機にある歴史的建造物を制限なく買い取って保護することは不可能で、所有者等へ財政的援助を行うこともできなかった。それどころか、所有するプロパティの修理を含めた維持・管理費を捻出するのも容易ではなかった。当時、国が歴史的建造物の保護に国庫から費用を捻出できるのは、古記念物保護法によって保護対象のリストに掲載されたモニュメントに限られており、その数を増大することは現実的ではなかった。そこで考案されたのが、さまざまな税制上の優遇制度であった。すなわち、所有者に補助金等を交付するのではなく、税制優遇という手法で援助した。政府にとっては、国庫を用いずに歴史・自然遺産を保護することができ、また、カントリー・ハウスの所有者である貴族にとっては、高額な税の減免は何よりも有効な支援となった。

■ナショナル・トラストによるカントリー・ハウスの保存スキーム

このような背景で、ナショナル・トラストによる「カントリー・ハウス・スキーム」が実施された。これはナショナル・トラストの権限を増大させ、カントリー・ハウスの保護を実施しようとするものであった。まずは、1937年のナショナル・トラスト法の改正で、ナショナル・トラストによる保護の対象が拡大され、建築以外にもカントリー・ハウスの内部の家具や絵画等の動産や周辺環境までが対象となった。同時に、周囲の農園等の経営をもナショナル・トラストが引き継ぐことができるようになり、生活環境の保護といった名目で、ナショナル・トラストには受託した財産を運用する権利が与えられ、維持・管理費の調達の可能性も拡大した。また、同法によって、ナショナル・トラストと「保存誓約（covenant）」を交わすことによって、所有者に所有権を残しつつ、譲渡不能の宣言を受け、ナショナル・トラストに寄託した物件と同等の扱いを受けることができるようになり、法的に保存が担保された物件が増大した。

こればかりでない。1939年の法改正では、所有者はカントリー・ハウスをナショナル・トラストに寄託しても、そこに住み続けることができるようになった。所有者とナショナル・トラストは、契約期間、保存して公開する部分と居住に使用する部分等を詳細に定めた賃貸契約を結び、所有者がカントリー・ハウスに住み続けながら、公的団体によって保護されるというきわめて稀有な制度ができあがった。

カントリー・ハウス・スキームによって導入された制度は、実によくできている。税制優遇というかたちで、所有者に対して経済的援助を行い、所有者が住み続けながら、みずから建築を守っていくことができる環境を整えている。本来、住宅建築は人が住まうために計画されており、住み続けることが建築保存にとって最良な方法であることに間違いない。

しかし、わが国では、こういった制度はまだない。税制優遇といった観点からは、重要文化財建造物の所有者が国や地方公共団体等に土地・建物を譲渡する際、所得税と住民税が免除されるなどの減免措置はあるものの、その場合、もちろん譲渡した建築には住み続けることはできなくなる。これでは、あまり効果はないだろう。わが国では、たとえ文化財であっても、個人所有の住宅に税金をつぎ込んで維持・管理をすることは不公平とみなす傾向があり、それがイギリスのような制度の導入を阻んでいるのかもしれない。もともとわが国の文化財保護法は、社寺仏閣を保護することに始まっており、個人所有の住宅建築の保存の歴史は浅く、まだまだ検討しなければならないことがたくさんある。

一方で、相続税が原因で所有する歴史的な住宅建築を手放さなければならない状況に陥っている所有者が多数いるのも現実である。そのため、公的資金を直接投入しなくとも、税制優遇と所有者に対して保存したくなる環境をつくって、歴史環境を守っていく新制度の導入は、今後、検討していくべき課題のひとつであろう。

■英国のブルー・プラク・スキームについて

もうひとつ、イギリスの事例としてブルー・プラク・スキームについても説明しておきたい。

歴史的建造物の価値とはどういったものだろう。一律に歴史的建造物の価値を言い表すことは難しいが、一般に、歴史的建造物の価値には、「建築的価値（architectural value）」と「歴史的価値（historic value）」があるとされる。諸外国では、両者はほぼ同等に扱われるが、わが国では、歴史的価値は建築的価値に比べて評価が低い傾向にある。建築的価値を有する建築とは、意匠が優れているもの、再現することが困難な高水準の技術が用いられているもの、時代や地方や建築タイプを代表するものやその初期の例、また、希少価値を有するものなどが該当する。他方、歴史的価値を有する建築には、たとえば、歴史的な事件の舞台となった建築や有名人の生家などがあり、建築的には特別な価値がなくとも、なんらかの歴史と結びついている遺構をも建築的価値がある遺構と同様に評価すべきという考え方がベースにある。

わが国の文化財保護制度では、重要文化財（建造物）とは「歴史上、芸術上、学術上価値の高いもの」と定義されているものの、歴史的価値のみで重要文化財に指定されることはない。とはいっても、わが国で歴史的建造物の歴史的価値がまったく評価されていないわけではなく、文化財保護法のなかでは、史跡がこういった価値を評価することになっている。しかし、史跡と文化財建造物は管轄課が異なっており、一般に、重要文化財指定の際の基準として、歴史的価値の評価は低いのが現状である。平成8年にわが国の文化財建造物の枠組みを広げようとして登録有形文化財（建造物）制度が導入された際、案内パンフレットには、該当する建造物として「絵画などの芸術作品に登場する場合」が例としてあげられていたが、現在のパンフレットからは消えている。おそらく、すでに登録有形文化財（建造物）制度が浸透したため、限られた紙面内では、どういった建築が対象となるのかを示すより、活用の例を多数示したほうがよいとの判断からと思われるが、この例示がなくなったのは残念である。

しかし、諸外国では事情が異なる。歴史的建造物の保存に対する先進諸国では、これらの歴史的価値をもつ建物を、建築的価値のある建物と同様に評価する傾向が強い。そのもっとも顕著な例が、イギリスの「ブルー・プラク・スキーム（Blue Plaque Scheme）」であろう。ロンドンの町を歩いていると、壁面に青地に白文字が描かれたプレート（プラク）が掛けられているのを頻繁に目にするが、この青いプレートが「ブルー・プラク」である。ブルー・プラクには、通例、歴史上重要な人物の名前と、その人物がその建物に関わった年が書かれている。ブルー・プラクは、歴史的価値がある建物を保存するために考案された手法であり、歴史上重要な人物とゆかりの深い建物にブルー・プラクを設置し、それによって人々にその建物の歴史的価値を伝え、人々に保存を啓発しようとして始められた。この取り組みは、今では政府公認の運動となっている。

その歴史は古く、19世紀の半ばにロンドンで開始されており、現在ではイギリスのいたるところでこのプラクを見ることができる。ブルー・プラク・スキームの発案は、国会議員のウィリアム・エワート（William Ewart　1798〜1869）によるもので、1863年に最初の構想が示され、1866年にヘンリ・コール（Sir Henry Cole　1808〜82）によってブルー・プラクのデザインがなされ、芸術協会（Society of Arts　のちに王立芸術協会となる）が実施組織となって開始された。この運動が始まった19世紀末には、ロンドンの由緒ある建築が次々と取り壊されていた。特に、ロンドン大火（1666年）直後に建設されたテラス・ハウス（都市集合住宅）が多数失われつつある状況で、それを守ろうとする各種団体が組織され、保存に向けたさまざまな動きが起こっていた。これらの団体の働きかけによって、LCC（ロンドン・カウンティ・カウンシル。1888年創設）は、行政主導でロンドン市内の歴史的建造物の保護を実施し始めた。1898年に歴史的建造物の強制買取制度を導入したのはそのもっとも顕著な例であり、1901年には所有者等に取り壊しを思いとど

図 9-1　「赤い家」に掲げられたブルー・プラク（1969 年設置）

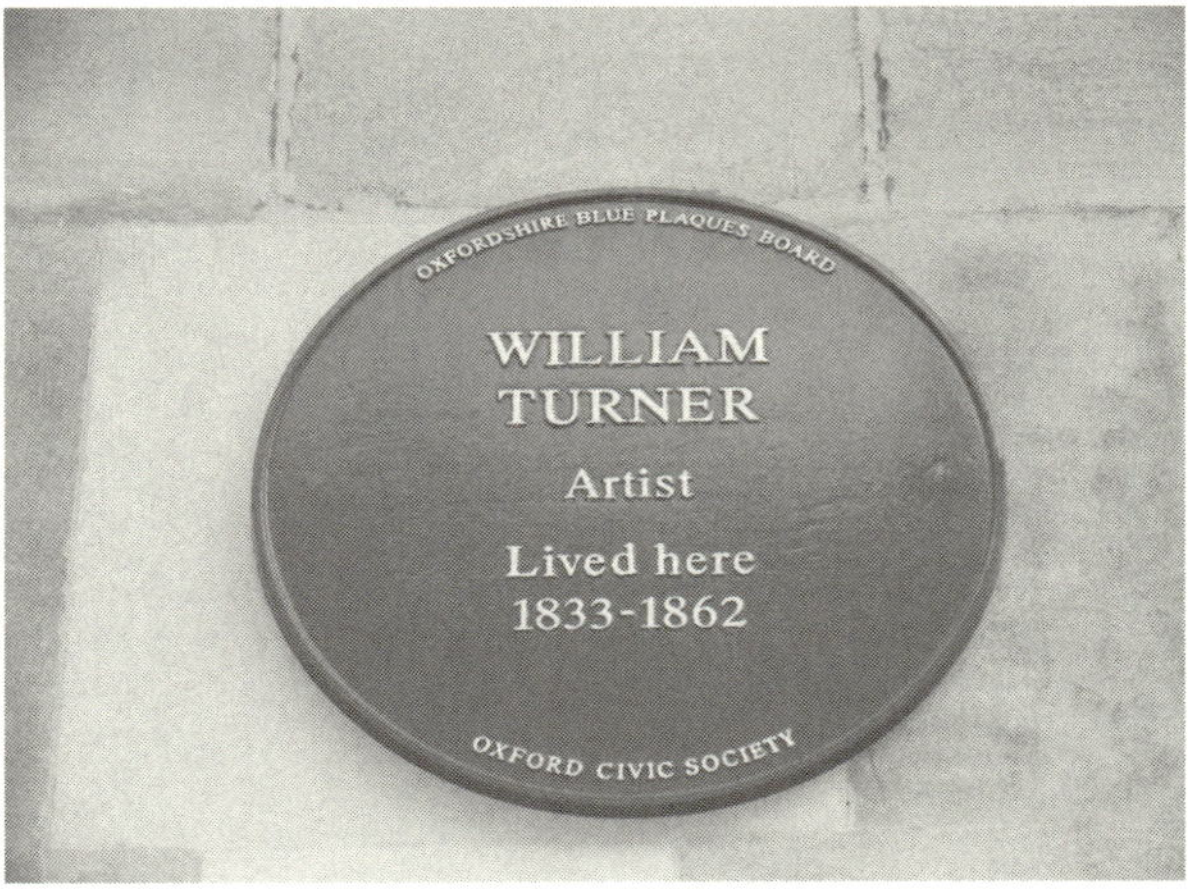

図 9-2　ブルー・プラクの派生版（オクスフォード・シヴィック・ソサイアティによるブルー・プラク）

まらせる目的で、ブルー・プラク・スキームの管理・運営もＬＣＣが引き継いだ。１９６５年には組織再編により、管理がＬＣＣからＧＬＣ（グレイター・ロンドン・カウンシル）に移り、１９８６年にはイングリッシュ・ヘリテイジに引き継がれ、イギリス全土が対象となった。また、２０１５年のイングリッシュ・ヘリテイジの組織改編によって、現在はイングリッシュ・ヘリテイジ・トラストが管理している。

第一号となるブルー・プラクは１８６７年に、詩人で政治家であり、ロマン主義運動の立役者であったジョージ・ゴードン・バイロン（George Gordon Byron, 6th Baron Byron　１７８８～１８２４）を記念して、彼の生家に掲げられた。しかし、残念ながら、この建築は１８８９年に取り壊されたために、現存していない。現存する最古のものは、同じく１８６７年に設置されたナポレオン３世（１８０８～１８７３）が住んだ住宅に設置されたもので、セント・ジェイムジズ・スクエアのキング・ストリート１Ｃ番地（旧３Ａ番地）に残る。最初、ロンドンで始まったこの運動は、やがてイギリス全土におよぶようになった。特に、イングリッシュ・ヘリテイジに管理が移管されると、積極的にブルー・プラクを増やしていった。現在では、公認されたものだけでもイギリス全土に９００余りある。

繰り返すが、ブルー・プラクの目的は歴史的価値がある建築の保存である。そのため、ブルー・プラクが設置される建築は、原則として、実在した歴史的著名人と直接関係がある建築に限られ、しかも、歴史的著名人の死後20年以上または生誕100年以上経っていなければならない。また、取り壊されて建て替えられた建築には、ブルー・プラクの設置は許されない。このように、ブルー・プラクの設置には厳しい基準があるが、ブルー・プラクのアイディアは広く応用され、歴史的建造物やその敷地の歴史的価値を、建築にプレートを掲げて示そうとする類似の運動は他にも多数誕生した。建築保存以外の目的で掛けられるプラクも多くなり、その是非については賛否あるものの、歴史を示したプレートの掲示はまちづくりの重要な手法となっている。そして、この手法はイギリス以外でも一般化している。

ここで、わが国の歴史的建造物の価値評価の手法を、神奈川県立大磯城山公園にある旧吉田茂邸を例に考えてみよう。旧吉田茂邸は、吉田茂（1878〜1967）の養父健三が明治17（1884）年に別荘として建設を開始したもので、その後、幾度かの増改築が繰り返されていた。吉田茂は戦後、ここを本邸とし、没する昭和42（1967）年までこの邸宅で過ごした。吉田の政界への影響力は強大で、多数の政治家がこの地を訪ね、吉田と会談した。これはやがて「大磯参り」と呼ばれるようになり、旧吉田邸は戦後の政界の歴史上、きわめて重要な拠点として用いられていた。そのため、旧吉田茂邸は、わが国でもっとも有名な住宅建築のひとつであった。この建築の保存において、わが国の建築保存制度の盲点とも言える欠点が露呈した。

企業がこの建築を所有し、活用していた際には問題はなかったが、平成16年頃、旧吉田茂邸は存続の危機に瀕した。その際、市民はこの建築の価値を認識し、文化財に指定し、公共の財産として保存・活用していこうと考えた。しかし、近郊の大磯地区には、多数の歴史的な別荘建築が多数現存し、旧吉田茂邸は、本邸が近代和風建築の大家の吉田五十八（1894〜1974）が設計した本格的な数寄屋建築と評判は高かったが、その建設年は昭和36（1961）年と比較的新しく、また、建築としては周辺の高水準の別荘建築のなかで、際立った特徴があるわけではないとの理由で、建造物として文化財等には指定されていなかった。また、「大磯参り」として知られる歴史上の舞台であったにもかかわらず、史跡として指定されるには歴史が浅すぎた。つまり、建築的価値でも歴史的価値でも文化財として評価されてはいなかった。海外であれば、間違いなく文化財として保護される建造物であろうが、わが国の現状では、文化財の範疇からは外れていた。そのため、すぐに文化財としての保存・活用はできず、県が買い取り、公園整備の一環として整備を始め、価値の再評価が検討されている最中の平成21年3月に、火災被害（放火も疑われている）にあって焼失してしまう。しかし、この建築に対する市民の思いは強く、その後、建物を復原し、平成29年4月から公開することとなった。

この流れから、わが国でも人々が歴史的建造物の歴史的価値を重要視していることは明らかである。

しかし、現状の制度では、この価値を十分に評価できていない。今後わが国でも、制度上、歴史的建造物の歴史的価値に関して再考していく必要があるだろう。

コラム⑦　ヨーロッパと日本、歴史的建造物保護の事情

社寺仏閣などの宗教建築を除いて、いかに歴史的に価値ある建築物といえども、床面積という経済価値を土台としている。しかし、歴史的建造物の保存運動では「美しさ・歴史・文化的建築価値」を頼りに、保存の価値が値踏みされてゆく。置き去りにされるのは、建物の安全性や老朽化による維持費増大のいわば所有者リスクである。さらに、不動産価値は稼ぎ出すキャッシュフローで決まる時代を迎えた以上、容積率アップの恩恵を得ながら、競争力の高い建築物を手に入れるための建て替えを止める手立ては見当たらない。歴史の継承を担う我々は、この現実から目をそらさず、官民力を合わせて保存建物の所有者リスクの軽減に知恵を絞る必要がある。

ヨーロッパの都市が何百年もの歴史を継承できるのはどうしてなのか？　ヨーロッパの人々は歴史と景観を大事にする民族で、日本人は違うのか、などと、どうしようもないもどかしさのあまり、解決に背を向けた次元の低い議論に戻ってしまう。ノスタルジーだけで保存を主張するのも同様で、もうそろそろむなしい会話はやめにして、日本の現実を踏まえた実現可能な手法を構築すべきである。

では、むなしい議論の先にあるべき、実現可能なポイントはどのような点であろうか。

a　地震国における建物の安全性確保問題

b　老朽化による保全、補修、維持費増大の問題
c　敷地に与えられた、容積実現への不利益問題

おおよそ、ヨーロッパにおいて歴史的建造物が連なる都市が実在している要因は、その景観維持のための外観保存規制に尽きるのではないか。ロンドンでは、外観を残し、内部に新しい建築を組み込むという饅頭の皮方式と呼ばれる荒技もある。フランスのルーブル美術館は、

１１９０年　主塔と要塞を建設
１５６４年　王宮に改装
１７９１年　美術館開設
１８７１年　大蔵省のオフィスが併設
１９８１年　全館が美術館に

といった経緯を経て現在の姿となった。我が国にも数百年に及ぶ歴史的な建造物は多いが用途が変わった例をあまり聞かないのは、違う用途で使用する発想がなかったことと、建材や建築技法のせいかもしれない。

連続する歴史的景観そのものが不動産価値ともいえるヨーロッパの都市では、容積実現への不利益問題はそもそも論点になりえていない。そこで、cが消えることになり、そもそも地震がない国ではaも消え、bはコンバージョンの発想でクリアしてしまっているのではないだろうか。

このように、ヨーロッパの都市景観保存の理論を日本の都市部の歴史的建造物に適用することが

いかに難しいかがわかる。つまり、日本独自の仕組みを必要としているのである。地震対策のaは、免震費用の公的な補助制度の整備が早急に望まれる。bのコンバージョンは日本でも最近緒に就いたばかりの言葉だが、建築物を社会資本「ストック」として活用を継続してゆく機運は高まってきた。オフィスや駅・ホテルなど最新機能を要する現役施設は、外観保存を主眼に置くことで、建物内部の機能更新をしながらのヨーロッパ的な継承方法は可能かもしれない。当然、価値ある内部空間は残されるだろうし、新たな内装でも外観と調和のとれたインテリアになるはずだ。

そこでcが最大の課題として残るわけだが、すでに活用し始めた東京駅の容積移転の手法が最も新しい発想で運用できないものだろうか。未利用容積の売却などで、その不利益をリカバリーする選択肢が増える効果は絶大なものになるはずだ。

その美しさゆえに愛され続けてきた日本の近代建築に、残された時間は少ない。

（本田広昭）

第十章　歴史的建造物保護の法的手段——未利用容積移転から公共貢献へ

小澤英明（弁護士）

歴史的建造物を破壊する要因のひとつとして経済的理由がある。一番大きな理由かもしれない。株式会社が所有している歴史的建造物において容積を200％しか使用していない場合、工夫次第では1000％使えるとなれば、株主は言うだろう。「ぼやぼやしないで、早く取り壊して、新しい建物を建てろ」と。経営陣も、このような要求には抗いがたい。都心であれば、1000％であっても使いこなすのは簡単だからである。

しかも、歴史的建造物は最新の建築基準法に適合しているわけもなく、安全性が劣ると言われれば、否定しようもない場合が多い。そうなると株主は「地震で倒壊したらどうなるのだ」と言うだろう。

これに対しては「耐震補強すれば、Is値で０・７までは上げられます」と返すことができるかもしれない。株主は次に「いくらかかるのか？」と問う。経営陣は「何とか20億円でおさまると思います」と返す。すると株主は「20億円をドブに捨ててどうなる」といきり立つかもしれない。こういうことを考えると、経営陣もいやになると思う。

そこに建築家が横から「この建物を残さない手はないですよ」と口を出したらどうなるか？おそらく株主は「あなた、一体何なの？」とあきれ顔で振り向くだろう。負けずと建築家は「私は、歴史的建造物保存の活動を行っている者です」と自己紹介する。しかし株主に「だから、何なの？この建物に一円でも払ったの？」と言われてしまえば、旗色は悪くなる。

それでもなんとかがんばって「この建物はモダニズムの名建築です」と言い張るが、ここらあたりで、もう勝負はついている。モダニズム建築の良さをとくとくと話しても、理解されない。銀座の和光のような土地のランドマークになってしまっていれば、さすがの株主も、壊せ、壊せとさわぐことはないかもしれない。恥ずかしいからである。教養も何もないただの欲ぼけに見られたくないという気持ちはさすがにどの男にも、またどの女にもある。

しかし、モダニズムの建築となると、これは、素人目には多くのビルと少しも違わないように見えるから、建築家はまったく形勢不利である。こうして、歴史的建造物は壊されてゆく。

■公有化や文化財指定には限界がある

車も10年も乗れば、ガタがくるし、燃費だって新車に比べて悪い。新車に買い替えて何が悪い。

「いや、悪くありません」

これは素直に言えそうな気がする。ただ、10年も乗っていると、引きとりに出すときに少し心がさわぐという人もいる（車だってかわいくなるから）。

建物と車の違いは、建物は都市の顔をつくっているということである。特に名建築は人々の記憶にきざまれている。したがって、建物は所有権の対象であるが、名建築であればあるほど単に私有物として取り扱うにはふさわしくなくなる。

そうなると、国有とか公有（国有ではなく地方公共団体の所有の場合、「公有」と言うことが多い）にすればいいという意見を出す人がいるが、建物は「使ってなんぼ」みたいなところがあり、国有や公有にすると、建物が死ぬ場合がある。延命治療されている建物は見たくないものである。

しかも、都心の建物を国有化したり公有化したりすることは現実的には不可能である。補償財源がないからである。

それならば、重要文化財や地方公共団体の指定文化財に指定してしまえばいいじゃないの、という声も出るかもしれない。しかし、重要文化財等に指定して、土地を他の用途に使用できないとなると、補償問題をどうするのかという問題が出てくる。通常生じる損失として、容積率の限度まで建替えて使用する場合との収益の差額を補償しろと言われると、これは無視できない。したがって、現在、重要文化財等に指定する場合、事実上所有者の同意を得ているのが実情なのである。ここでも補償財源がない以上、指定はできないということになりそうである。

■特例容積率適用地区制度の改正提案

さて、ここからが本論である。

本章では都市部での経済的圧力による歴史的建造物の取壊しを避けるために、基準容積率を使い切っていない歴史的建造物の未利用容積に着目する対策を検討する。すなわち、当該未利用容積が残されていることを、他の土地が容積率ボーナスを受ける根拠とし、他の土地の所有者がその容積率ボーナスを享受する対価として一定の金銭を歴史的建造物の土地の所有者に支払うというアイデアである。このようにすることで、歴史的建造物の土地の所有者は基準容積率を使い切っていないという経済的ロスを挽回できるため、歴史的建造物の保存が経済的に支えられるであろうという目論見である。

本章は、このアイデアを具体化する2つの提案から成る。第一の提案は、既に存在する特例容積率適用地区の改正提案である。第二の提案は、都市再生特別措置法の地区外の公共貢献手法の活用である。第一の提案では、特例容積率適用地区を定めた建築基準法第57条の2第1項の具体的な改正条文を提示する。ただし、第一の提案は、改正条文の提案を含め、専門家以外には理解しにくい部分があるので、まず、第二の提案（245頁「既存の容積移転制度の検討」以下）を読まれたうえで、第一の提案に戻って読まれた方がわかりやすいかもしれない。

特例容積率適用地区制度の改正提案

①趣旨

容積移転をより活発化させ、都市部の魅力的空間の保全及び創出を財政出動させることなく可能とするための制度提案である。

特例容積率適用地区の制度を改正し、出し地候補土地となる地区を第1種特例容積率適用地区として指定し、受け地候補土地となる地区を第2種特例容積率適用地区とし、地区を2種類に分けることが制度改正の眼目である。

また、両地区の置かれている状況が全く異なりうることから生じる移転容積と受入容積の不等質性の問題があるため、両容積はそのボリュームが異なる。その意味で既存の特例容積率適用地区のような容積移転ではない。したがって、もはや、特例容積率適用地区の制度の枠を完全に逸脱しているとの批判が当然にありうるが、特例容積率適用地区の制度も実質は開発権の移転であると考えると、趣旨は逸脱していないとの反論もありうる。

②内容

・第1種特例容積率適用地区は、歴史的建造物及びその敷地の保全、名勝・庭園保全、緑地保全、歴史的町並み保全、防災空地の確保その他政令で定める目的のため、特に低度利用をはかることを目的として定める。

・第2種特例容積率適用地区は、都市再開発を目的とし、特に高度利用をはかることを目的として容積率を緩和する地区において定める。

・第1種特例容積率適用地区は、歴史的建造物単体保全のためにも定めることができる。すなわち、スポットゾーニングを許す。

・容積の移転が可能な第1種特例容積率適用地区と第2種特例容積率適用地区とは、同一の特定行政庁内の管轄であることを前提とする。

・受け地では、受け入れ容積の限度を定めるものとする。出し地の放出する未利用容積をどのボリュームの容積として受け地が受けられるか（以下、後者の前者に対する割合を「容積変換係数」という。）が問題となるが、ここでは、出し地の飛ばし容積の経済価値と受け地の受け入れ容積の経済価値とがほぼ等価の経済価値をもつように特定行政庁が定めるものとする。次頁の概念図を参照されたい。この例では、出し地から失われる建築可能床面積が200㎡だが、受け地ではこれを追加

概念図

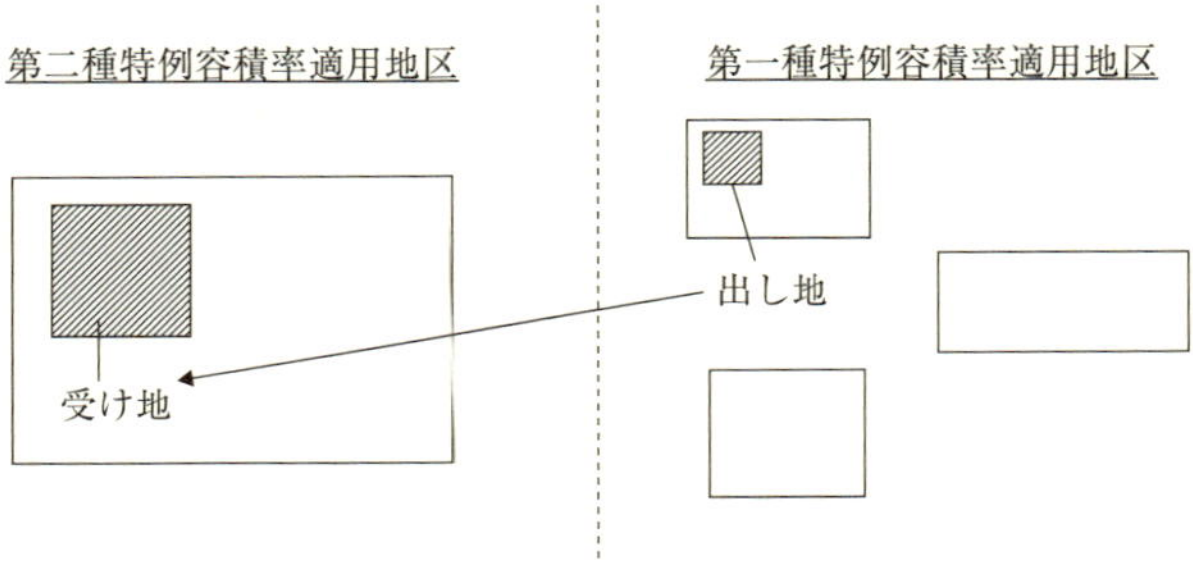

	受け地	出し地
坪単価	100万円	500万円
評価指数	100 (e)	500 (d)
敷地面積	1000㎡	100㎡ (a)
基準容積率	1000%	300% (b)
使用容積率	−	100% (c)
未使用容積の床面積換算値	−	200㎡
飛ばし容積の床面積換算値	−	200㎡
受け入れ容積の床面積換算値	1000㎡	−

100㎡ × (300% − 100%) × 500 ÷ 100 ＝ 1000㎡
(a)　(b)　(c)　(d)　(e)

出し地から飛ばす未利用容積の価値は、受け地では、床面積で換算すると、1000㎡と評価できることを意味する。すなわち、容積率が100%増えることになる（1000㎡（受け入れ容積の床面積換算値）÷ 1000㎡（敷地面積）＝ 100%)。ここでは容積変換係数は5（500 ÷ 100 ＝ 5）である。

的に建築可能な床面積1000㎡としてカウントして受け取ることになる。すなわち容積変換係数は5であるが、この例では出し地の単価が受け地の単価の5倍であるとの仮定を置いているからである。容積変換係数を決める出し地及び受け地の各単価は、例えば、当該年度の固定資産税評価額（得られていない場合は前年度の固定資産税評価額）の単価により定めることが考えられる。

・容積移転の売買価格は当事者間で決める。

・既存の特例容積率適用地区について定めている現行の建築基準法第57条の2第1項の改正条文案を次頁の参考資料に示す。

■既存の容積移転制度の検討

これまでにも容積移転制度を利用して歴史的建造物の保護に成功したケースがいくつかある。わかりやすいように、対話で説明していこう。

特例容積率適用地区

「東京駅の保存はどうだったのかしら」

「はい、これは、東京駅の未利用容積を近くに飛ばして、得られた売却代金で保存ができたのです」

「それなら、その制度で残したい歴史的建造物の敷地の未利用容積を飛ばしてあげればいいじゃない政令の基準に従って特定行政庁が定める受け入れ容積の限度~~の合計~~以下であること。~~この場合において、当該それぞれの特例敷地が基準容積率に関する制限を受ける地域又は区域の二以上にわたるときの当該基準容積率の限度は、同条第一項各号の規定による当該各地域又は区域内の建築物の容積率の限度にその特例敷地の当該地域又は区域内にある各部分の面積の敷地面積に対する割合を乗じて得たものの合計とする。~~

二　申請に係る出し地及び受け地それぞれの特例容積率の限度が、申請に係る出し地及び受け地それぞれ~~の特例敷地内~~に現に存する建築物の容積率又は現に建築の工事中の建築物の計画上の容積率以上であること。

三　申請に係る出し地及び受け地それぞれの特例容積率の限度が、申請に係る出し地及び受け地それぞれ~~の特例敷地~~における建築物の利用上の必要性、周囲の状況等を考慮して、当該それぞれの特例敷地にふさわしい容積を備えた建築物が建築されることにより当該それぞれの特例敷地の土地が適正かつ合理的な利用形態となるよう定められていること。この場合において、申請に係る特例容積率の限度のうち第五十二条第一項及び第三項から第八項までの規定による限度を超えるものにあつては、当該特例容積率の限度に適合して建築される建築物が交通上、安全上、防火上及び衛生上支障がないものとなるよう定められていること。

4　特定行政庁は、前項の規定による指定をしたときは、遅滞なく、特例容積率の限度、特例敷地の位置その他国土交通省令で定める事項を公告するとともに、国土交通省令で定める事項を表示した図書をその事務所に備えて、一般の縦覧に供さなければならない。

5　第三項の規定による指定は、前項の規定による公告によつて、その効力を生ずる。

6　第四項の規定により特例容積率の限度が公告されたときは、当該特例敷地内の建築物については、当該特例容積率の限度を第五十二条第一項各号に掲げる数値とみなして、同条の規定を適用する。

7　第四項の規定により公告された特例敷地のいずれかについて第一項の規定による申請があつた場合において、特定行政庁が当該申請に係る第三項の指定（以下この項において「新規指定」という。）をしたときは、当該特例敷地についての第三項の規定による従前の指定は、新規指定に係る第四項の規定による公告があつた日から将来に向かつて、その効力を失う。

建築基準法第57条の2第1項の改正条文案

（特例容積率適用地区内における建築物の容積率の特例）

第五十七条の二　第一種特例容積率適用地区内の二以上の敷地（建築物の敷地となるべき土地及び当該特例容積率適用地区の内外にわたる敷地であつてその過半が当該特例容積率適用地区に属するものを含む。以下この項において同じ。）に係る土地（以下、本条において「出し地」という。）について所有権若しくは建築物の所有を目的とする地上権若しくは賃借権（臨時設備その他一時使用のため設定されたことが明らかなものを除く。以下「借地権」という。）を有する者又はこれらの者の同意を得た者（以下、本条において「土地所有者等」という。）と第二種特例容積率適用地区内の土地（以下、本条において「受け地」という。）についての土地所有者等とは、一人で、又は数人が共同して、各特例容積率適用地区の特定行政庁に対し、国土交通省令で定めるところにより、受け地及び出し地当該二以上の敷地（以下この条及び次条において総称して「特例敷地」という。）のそれぞれに適用される特別の容積率（以下この条及び第六十条の二第四項において「特例容積率」という。）の限度の指定を申請することができる。

2　前項の規定による申請をしようとする者は、申請者及び同項の規定による同意をした者以外に当該申請に係る特例敷地について政令で定める利害関係を有する者があるときは、あらかじめ、これらの者の同意を得なければならない。

3　特定行政庁は、第一項の規定による申請が次の各号に掲げる要件のいずれにも該当すると認めるときは、当該申請に基づき、特例敷地のそれぞれに適用される特例容積率の限度を指定するものとする。

一　受け地申請に係るそれぞれの特例敷地の敷地面積に申請に係るそれぞれの特例容積率の限度を乗じて得た数値からの合計が、同当該それぞれの特例敷地の敷地面積に第五十二条第一項各号（第五号及び第六号を除く。以下この号において同じ。）の規定によるそれぞれの建築物の容積率（当該特例敷地について現に次項の規定により特例容積率の限度が公告されているときは、当該特例容積率。以下この号において「基準容積率」という。）の限度を乗じて得た数値を差し引いて得られる受け入れ容積が、出し地の放出未利用容積（特例容積率の適用により基準容積率を適用した場合よりも利用できなくなる容積を意味する。）と受け地の割増容積（特例容積率の適用により基準容積率を適用した場合よりも多く利用できる容積を意味する。）とが経済的にほぼ等価となるように

の？」

「そのとおりです。そのことを考えてみたいのですが、これは、現在、特例容積率適用地区という地区内での飛ばししかできないのです。制度ができて、これまで東京駅周辺のひとつの地区しか指定されていないのです」

「なぜ？」

「それは、特例容積率適用地区というものが地区全体で高度利用の必要があって、しかも、その中で未利用容積を飛ばしあっても問題がない地区しか指定できないからです」

「よく、わからないわ」

「誰だって、自分の隣に急に大きな容積の建物が建つといやなものでしょう。十分な幅の道路で街路が整備されたところでないと難しいですよね。マンハッタンみたいなイメージのところ。ひとつの地区内で未利用容積を飛ばし合っても不都合ではないというところは、ほとんどないでしょう」

特定街区

「三井本館とか、どのようにして残ったのかしら」

「あれは、特定街区という制度で残ったのです」

「特定街区ってどういうもの？」

「これは、道路で囲まれた一定の広さの街区全体をそこに建つ建物を前提に土地利用計画を決めてしまうもので、昭和36年から建築基準法にある制度なのです。建築物の容積率、高さの最高限度、壁面の位置まで都市計画で決めてしまうのです。したがって、その街区内では一部に高い建物があっても、ほかの部分で低い建物しか建たないように都市計画で決めてしまえば、その街区全体では、特段本来の容積率を超えていないように計画できるわけです」

「あなたの言うことはいつもわかりにくいわね」

「すみません。すごくアバウトにいきます。日本の都市計画の基本は用途地域の土地利用規制です。第一種低層住居専用地域とか商業地域とかお聞きになったことはあるでしょう」

「そのくらいは知っているわよ」

「それぞれの用途地域では、こういう用途の建物は建てられるけれど、こういう用途の建物は建てられませんという規制があります。また、建築基準法では、それぞれの用途地域で容積率や建蔽率はこのメニューから選べますということになっています。例えば、第一種低層住居専用地域では、容積率は50％、60％、80％のメニューから選べるのです。商業地域ですと、２００％から１３００％まで１００％刻みで選べるのです。選ぶのは市町村です。このようにして選ばれた容積率が指定容積率と呼ばれていて、ある地域が商業地域に選ばれて、その地域が８００％に指定されたとしますね。そうなると、特定街区の中がトータルで８００％になるように土地利用計画を決めれば、その街区の中の土地がすべて800%でなくても、つまりAビルの敷地が1000%でも、Bビルの敷地が200%までしか使ってなければ、トータルで800%におさめるということは可能でしょう。これが特段本来の容積率を超えないように街区内の容積をコントロールできるという意味です」

「なるほどね。Bビルが歴史的建造物であれば、使っていない容積率をAビルのために使えるというわけね」

「そうです。明治生命館とか日本工業倶楽部の建物も特定街区の手法で残せたのです」

「それなら、この手法を使えばいいんじゃないの」

「もちろん、この手法を使えるところは使った方がいいのです。しかし、そもそも特定街区という制度は、四方を一定の幅の道路で囲まれた街区でないと指定できません。しかも街区全体の土地利用を細かく規制して壁面の位置まで決めるという手法なので、その規制に街区内の土地所有者全員が同意しないと決められないのです」

「なるほどね」

連担建築物設計制度

「街区単位で考える必然性が本当にあるのかという問題があります」

「どういうこと?」

「ふたつの街区で考えてもいいかもしれないし、ひとつの街区と道路ではさまれた隣の街区の一部とであわせて考えてもいいかもしれない」

「なるほど。ひとつの計画で考えられれば、ひとつひとつの建物の敷地単位で容積率を考えなくて、まとめて考えればいいじゃないのということね」

「そうです。街区の制約に必ずしも拘束されずに、土地利用計画の対象土地をひとつの敷地として考える制度に、一団地認定制度と連担建築物設計制度というものがあります。一団地認定制度は、複数の建物建設計画がある場合に、その敷地をひとつと見て、土地利用規制をかけます。連担建築物設計制度も似ていますが、これは、その敷地の中に既存の建物が含まれても使える制度です。既存の建物と新設建物が併せてあるべき計画におさまっていれば、それらの敷地をひとつと見て、土地利用規制をかけるわけです。これらの制度では、道路をはさんで隣り合った土地でも一定の場合はひとつの敷地としてとらえてもらえますので、特定街区のような街区単位の都市計画という制約をはずすことができます」

「連担建築物設計制度を使うと、既存の歴史的建造物の敷地と一体で考えることのできる土地に高い建物の建築を認めることができるというわけね。あなた、案外、頭いいわね」

再開発等促進区

「もっと、使える制度もあるんですよ。地区計画を使うという手です」

「あなたにずっと前から聞きたかったのよ。地区計画って一体何なの？　いっぱい種類があってわかりにくいじゃないの？」

「地区計画を正確にわかっている人は日本で100人くらいでしょうね」

「何なのよ。相対性理論じゃあるまいし、法律の制度がそれじゃ困るでしょう。それで、あなたはその100人の1人というわけ？」

「いや、私も正直なところ自信がないです。いくつもあるというのは、そのとおりでして、都市計画法に基づく地区計画だけでもいろんな種類があるのです」

「他の法律に基づくものもあるというわけ？」

「はい。ただ、ややこしいから、ここでは都市計画法に基づく地区計画だけ説明します。地区計画も、大枠を決める地区計画と詳細を決める地区整備計画というのがあります。地区整備計画の内容を建築規制とする条例を制定すると、地区整備計画に合致しない建設計画には建築確認がおりなくなります。都市計画法に基づく地区計画にはいろんなものがありまして、今、流行しているのがそのひとつの再開発等促進区というものです」

「何か頭がこんがらがってきたわ」

「ごもっとも。都市計画法や建築基準法なんて、素人が読んでもわかりませんから。素人どころか、弁護士もわからないと言っています。建築基準法は特に建築単体の技術的な規定がいっぱいあるから弁護士がわからないというのもわかりますがね」

「そういうところは建築家に任せるしかないわね」

「ところが、建築家にとっても建築基準法はわかりにくいようです。ひとつひとつの条文を丁寧に読んでいけばわかるのでしょうが、条文が他の条文を引用し、その条文がまた他の条文を引用していくといったつくりになっていて、暗号を読み解くような作業が必要のようです。したがって、建築家もアンチョコに頼っているんですよ。また、何となく他人から聞いたことを鵜呑みにしていたりとか、かなり怪しい世界です」

「建築家ですら理解しているかどうか、怪しいというわけね」

「まあ、そうです」

「ただ、建築基準法でも建築物単体に関わる規制ではなく、今話題にしている都市計画規制的な集団規定、これはまだわかりやすい。しかし、多くの種類のある地区計画のそれぞれを正確に理解してわかりやすく説明するのは難しいですね」

「そう逃げないで、答えなさいよ」

「再開発等促進区がはやりなのは確かです。デベに裏をとっていますから。東京だとこれがあれば何でもできるみたいな感じですね。つまり、再開発等促進区として地区計画が決まれば、その地区では、先ほど説明しました用途地域制度の規制がすっかりはずれて、地区計画で決める規制で対応できるわけです。もう特定街区の制度なんか見向きもされないみたいです。特定街区制度でやりたかったことは再開発等促進区でできるらしくって」

「どうやって、保存できるの?」

「これは、再開発等促進区というものを相当広く設定するわけです。その中で、高容積の建物を建てる区域と低容積の建物を建てる区域を分けてしまえばいいのです。つまり、この再開発等促進区の中で、容積を配分して、低容積の建物を建てる区域の中に、残したい歴史的建造物のある土地を入れ込めばいいわけです」

「なるほど。同じ発想ね」

「そうです。特定街区も、連担建築物設計制度も再開発等促進区も皆同じですね。計画している区域の中に、低容積の建物を配置する区域と高容積の建物を配置する区域を入れ込んでしまって、トータルで一定の容積率におさまる計画をつくるというところは、まったく同じです」

「その中で一番柔軟に使えるのが再開発等促進区というわけね」

「はい。しかも、歴史的建造物を配慮した計画にすると、一定の容積ボーナスももらえるのです」

「ほう。そこまで法律で認めてもらったら、すごいんじゃない?」

「法律ではそこまで書いてはいません。東京都は、再開発等促進区を認める基準の中で、そういうボーナスにも言及しているのです」

都市再生特区

「でも、結局は、ひとつの限られた狭い地区内の容積移転ということね」

「最初にご説明した特例容積率適用地区はかなり飛ばせますけどね」

「ただ、それはふさわしい地区設定が難しいってお話でしたよね」

「そうです。そこで、ほかにもっとないかと考えた場合、ひとつ使えそうな制度を見つけました。都市再生特区です」

「何でもありの都市再生特区って言われている、あの制度ね。開発派にはありがたいけど、開発反対派にはとんでもないってやつでしょう。私の友達には、あれが都市を破壊してゆく元凶だと言っている人もいるわよ」

「うまく利用すればいいけど、悪く利用すれば悪いといいますか」

「それで、歴史的建造物の保存にどう役立つのよ」

「特に注目したいのは、都市再生特区の地区の外に歴史的建造物があってもいいかもしれないってところなんですよ」

「どういうこと？」

「地区内の歴史的建造物保存であれば、目新しくないかもしれないですが、地区外の歴史的建造物に効くかも知れないというところが斬新でして」

「どういう理屈なの？」

「都市再生特別措置法21条に、どういう計画が都市再生事業計画に認定されるのかの要件が書いてありまして、そこに『当該都市再生事業が、都市再生緊急整備地域における市街地の整備を緊急に推進する上で効果的であり、かつ、当該地域を含む都市の再生に著しく貢献するものであると認められること』という要件があって、これでわかるように、都市再生特区が狙っているのは、特区内だけの効果ではないのです」

「特区の外に影響を及ぼしてもそれが公共貢献ということかしら」

「まさに、そのとおり」

「でも、具体的に、どういうことなの？」

「つまり、特区からかなり離れたところで歴史的建造物を保存するというプロジェクトを、その都市再生事業計画に組みこむんです」

「特区の計画と脈絡はあるのかしら」

「あることにすればいいわけです。つまり、歴史的建造物保存プロジェクトを必ずやると約束して」

「でも、ちょっとわからないわ」

「そう真顔で聞かないで下さいよ。歴史的建造物を保存することで、その都市にうるおいがもたらされるでしょう。そのうるおいのある都市ににょきっと高い建物が建つわけですから、関連があると考えればいいじゃないですか」

「そんなこと言ったら、何でもありにならない？」

「まあ、そう堅く考えなくても。実際、国土交通省の「都市計画運用指針」9．都市再生特別地区(2)の基本的な考え方においても、環境貢献の取組みとして、特区の区域外の「歴史的建造物等の保存・活用」をあえて例示して明記しているのですから」

「実例はあるの？」

「２００９年に名古屋市が、高層ビルを建設する開発業者がビルの敷地内でなくとも、遠隔地の里山や緑地、歴史的建造物を保存すれば、高層ビルの容積率を緩和することにしたと新聞報道されてます。もちろん、あんまり離れたらアウトですけど。相当に離れてもいいと言えますね」

土地バンク

「そのアイデアいただき！」

「何ですか」

「歴史的建造物の保存をしたい土地で、未利用容積があれば、それを購入した者には、都市再生特区で割増し容積を認めてしまえばいいんでしょう」

「そうですね」

「そのような未利用容積を容積バンクに登録すればいいじゃないの」

「デベロッパーが、割増し容積がほしいと思ったら、容積バンクを見て、気に入ったものがあれば、買えばいいということですか？」

「そうよ」

「いくらで？」

「あなたが考えなさいよ、そんなこと」

「まずは、どの範囲の土地でこの種の処理を認めるかという問題を考えた方がいいかもしれませんね。行政が、公共貢献と認めることが必要となると、まず区域設定が必要ですから」

「東京都なら区単位、ほかは市町村単位でいいんじゃない？　例えば、新宿区なら、神楽坂と四谷とかあるでしょう。四谷の再開発の割増し容積を認めるに当たり、神楽坂の一定区域の古い町並みを残せばいいとか考えやすいじゃないの」

「そうですね。そうすると、神楽坂の一帯の土地の人たちが新宿区役所に未利用容積移転候補リストとして土地をバンク登録するわけですね。そこで四谷の再開発をする例えば三井不動産が割増し容積を獲得するにあたって、神楽坂と新宿区役所を引き込んで話し合えばよいということになるかもしれませんね。都市再生特区を利用して」

「そう。それで、三井不動産にがんばってもらえばいいのよ」

「なるほど。目の前に割増し容積というボーナスがぶらさがっていて、それを手にできるのはデベロッパーですからね」

「新宿区の方が、『この神楽坂の一帯の土地に、このように地区計画をかけられれば、四谷のこの土地は1000%から1300%まで容積を上げましょう』と言えばいいわけね」

「三井不動産としては、300%も上乗せしてもらえるならば、例えば、50億円出していいと判断できますしね」

「そのような厳しい地区計画も三井不動産から50億円のお金がころがりこむなら受け入れてもいいと、神楽坂の地主の皆さんも了解するかもしれないわね」

「そこは、取引だから、金額は、当事者間で話し合えばいいということになりそうですね。双方が満足すれば取引が成立し、どちらかが満足しなければ、取引は成立しない」

「それでいいんじゃないかしら」

「これは、もう未利用容積の移転ではないですね。容積を飛ばしているわけではないですから。一方で、通常以上の厳しい土地利用規制を受けるのと引換えに補償をもらって、他方で、通常以上の容積をもらう対価を支払っているという関係になっていて、もはや未利用容積を単純にあるところからあるところに移転しているわけではなくなっています」

「そうね、そうなると容積バンクというより土地バンクとかの呼び名にして、この種の公共貢献の対象となり得る土地を登録してもらうということにした方がよさそうね」

■公共貢献による割増し容積取得

以上のやりとりが、最後は、未利用容積移転ではなく、公共貢献に対する割増し容積の取得、言い換えれば、割増し容積の事実上の地方公共団体からの購入というものに、「転調」していることにお気づきいただけたと思う。未利用容積の移転となると、かなり遠いところの土地どうしだと無理がある。一方の土地の未利用容積と他方の土地の追加容積は、まったく性格が異なるからである。

以上のやりとりで最終的に到達した制度提案は以下のとおりである。

第一に、本制度(地区外の公共貢献による地区内の割増し容積付与)の適用は、都市再生特区制度を利用する。

第二に、特区外の一定地区(「特別規制地区」という)につき、特に厳しい土地利用規制(主として周囲より一段と厳しい容積率を受ける内容を含み、建物の仕様まで規制をかけることが望ましい)

をかけることを可能にすることを、地区外の公共貢献とみなす。

第三に、特別規制地区の土地所有者及び借地権者（以下、「特別規制地区地権者」という）、特区の開発者、自治体の三者が共同して、特別規制地区の公共貢献、特区の割増し容積を取決め、特別規制地区地権者と特区の開発者とが協議して、特別規制地区地権者が受ける特別規制の対価（以下、「報奨金」という）を決める。報奨金は、特区の開発者から特別規制地区の地権者に支払われる金額である。

第四に、特別規制地区の公共貢献を確実にするために、特別規制地区にかける特別規制は同地区の地区整備計画の中に規制する。なお、ひとつの歴史的建造物だけの保存も可能となるように、地区計画がスポットゾーニング（ひとつの土地だけ特別の土地利用規制を都市計画で行う趣旨）でもできるようにする。

第五に、特別規制地区候補地区の土地所有者及び借地権者は、特別規制候補地区指定を受けるため、全員同意で、自治体に申告し、自治体の承認を得られた場合、自治体のホームページの「土地バンク」に登録できる。

この制度であれば、経済的な不利益を被ることなく、合理的に歴史的建造物を守れるのである。なお、名古屋市の特区の活用事例として、未利用容積を使えないことの不利益の解消ではないが、特区で割増容積率を得るために東和不動産株式会社が、保存改修資金がなくて困っていた豊田佐助（発明王豊田佐吉の弟）の自宅（アイシン精機株式会社所有）の保存改修費用を支出した実例がある。保存改修後名古屋市が新たに10年間の使用貸借の契約を所有者と締結したようである。

エピローグ　都市の記憶を失う前に私たちは何をすべきか

本田広昭（株式会社オフィスビルディング研究所）

マチの主役は人であるが、人の命は短い。人々の器である建物には歴史が積み重なり、時を越えて継承されている。戒めや悲しみのメモリアルとして後世に語り継ぐ使命を宿した原爆ドームは、マチや建物が体験した歴史を記憶として残そうとするものである。マチの変貌は人々の営みの変遷であり、人類の歴史そのものである。建物に秘められた記憶をひもとき、その声に素直に耳を傾けたとき、私たちは多くのことをそこから学ぶだろう。

皇居のお堀や石垣からは江戸城のスケールを知ることができる。明治29年に竣工した日本銀行本店や旧司法省赤レンガ棟（明治28年竣工）からは、日本の威信をかけて近代国家を目指した明治時代のリーダーたちの強い想いが伝わってくる。そうした目でマチを眺めたとき、時空を越えて歴史が身近なものになる。

マチの記憶を秘めた幾多の貴重な建物も大正12年の関東大震災や昭和20年の戦災という、〝強烈な破壊〟によって多くが消え去った。幸運にもそれをくぐり抜けた建物も、復興という旗印のもと、私たち自身の手による、スクラップアンドビルドという〝静かなる破壊〟に飲み込まれていった。

敗戦後の日本は、産業の復興や経済成長を成し遂げる術として〝質より量、経済効率主義〟を優先し技術革新に邁進し、使い捨て文化に移行した。経済成長にせかされて私たちは多くのものを捨ててきた。建物も例外ではない。マチの記憶を秘めた建物が次々と取り壊され、近代的なビルに生まれ変わる光景を多くの人々が経済成長の証として誇らしく思っていた時代だったのかもしれない。

20世紀は、技術革新をバネに日本が世界に冠たる経済大国となった時代でもあり、同時に〝時を重ねたものを貴ぶ気持ち〟を薄れさせた時代でもあった。

こうした過去の破壊を「経済成長のための必然」と割り切ってよいのだろうか。どうすれば歴史的、文化的価値の高い建物を残し、陰影のある美しいマチを次の世代に継承していけるだろうか。私たちは今、経済合理性の中でその仕組みづくりを考えていかなければならないのではないか。

感情的な保存運動だけでは静かなる破壊は止まらない。所有者が建替えたほうが合理的と判断し、現行の法律に違反しないかぎりそれを止める手立てがない。単なるノスタルジーではなく、経済合理性に基づいて価値ある建物が必然的に残っていくようなマチづくりや社会的、法律的仕組みの導入で〝静かなる破壊〟にストップを！

著者プロフィール

後藤 治

工学院大学教授、理事長。1960年東京生まれ。1988年東京大学大学院工学系研究科建築学専攻博士課程中退。1988年文化庁文化財保護部建造物課文部技官。1995年同文化財調査官。1999年工学院大学工学部都市デザイン学科助教授。2003年同教授。2017年より現職。『食と建築土木』で辻静雄食文化賞（共同受賞）。石巻市北上町復興住宅で日本不動産ジャーナリスト会議賞プロジェクト賞。著作は『それでも、「木密」に住み続けたい！ 路地裏で安全に暮らすための防災まちづくりの極意』（共著・彰国社）、『都市の記憶を失う前に――建築保存待ったなし！』（白揚社新書）、『建築学の基礎6 日本建築史』（共立出版）など多数。

黒木正郎

東京建築士会副会長、日本建築家協会登録建築家。1959年東京生まれ。1982年東京大学工学部建築学科卒業、株式会社日本設計事務所（現、日本設計）に入社。2012年日本郵政株式会社施設部次長に就任。2015年より株式会社日本設計の執行役員フェロー。主な作品は品川インターシティ（1995年）、日本橋三井タワー（1998年）、としまエコミューゼタウン（2015年）、

ＪＰタワー名古屋（２０１５年）など。受賞歴として「三井本館の保存と開発の両立」（２００５年度）および「都市広場「霞テラス」を核とした官民一体の再再開発」（２０１２年度）により日本建築学会賞（業績部門）。主な著作は『建築ストック社会と建築法制度』（技報堂出版、日本建築学会・共著）、『市民と専門家が協働する成熟社会の建築・まちづくり』（日本建築学会叢書、日本建築学会・共著）など。

田原幸夫

日本建築家協会登録建築家。京都工芸繊維大学大学院特任教授。１９４９年長野県生まれ。１９７３年京都大学工学部土木工学科卒業。１９７５年京都大学工学部建築学科卒業、株式会社日本設計事務所（現、日本設計）に入社。１９８３年ベルギー政府給費留学生としてルーヴァン・カトリック大学大学院留学。同大学院「歴史的都市と建築の保存修復センター」にてディプロマ取得。ユネスコ世界遺産「グラン・ベギナージュ」の保存活用設計に携わる。２００３年ジェイアール東日本建築設計事務所入社。東京駅丸の内駅舎保存復原・設計監理総括。２０１４年４月より現職。２０１３年「日本建築家協会賞」、２０１４年「日本建築学会賞（業績）」、「日本イコモス賞」など。主な著書に『世界遺産・フランダースのベギナージュ』、『近代建築を使い続けるためのデザイン』（ともに彰国社）、『建築の保存デザイン』（学芸出版社）など。

林　保太

文化庁長官官房政策課文化プログラム推進室室長補佐。１９６７年生まれ。関西大学文学部史学・地理学科卒業。１９９４年文化庁文化財保護部記念物課。１９９７年同伝統文化課。１９９９年文化庁長官官房総務課。２００２年文化庁文化部芸術文化課。２００３年河合隼雄文化庁長官（当時）提唱による「関西元気文化圏構想」推進プロジェクトチームに参加。２００６年国立大学法人福井大学出向。２００９年文化庁文化部芸術文化課。２０１１年文部科学副大臣秘書官事務取扱。２０１３年文化庁文化財部参事官（建造物担当）付。近代化遺産等重点保存修理事業や近現代建造物部門の創設など、近現代建造物の保存・活用に取り組む。２０１６年文化庁長官官房国際課国際文化交流室。同年11月から現職。２０１７年3月からは内閣官房文化経済戦略特別チーム参事官補佐を併任。

田中義幸

公認会計士・税理士。１９５２年鹿児島県生まれ。東京教育大学文学部哲学科中退。劇画原作者、出版著述業等を経て、１９８８年公認会計士登録。朝日監査法人、西村眞田法律事務所を経て、田中義幸公認会計士事務所開設。主な著書に『ＮＰＯ法人のすべて』（共著・税務経理協会）、『収益事業の判定実務』、『会社法ハンドブック』（ともに共著・新日本法規出版）、『新公益法人の税務』（共著・ぎょうせい）など。

大橋竜太
東京家政学院大学現代生活学部現代家政学科教授および副学長。1964年福島県生まれ。1988年東京都立大学工学部建築工学科卒業。1995年東京大学大学院工学系研究科建築学専攻博士課程修了。博士（工学）。その間、ロンドン大学コートォールド美術学校に留学。1995年5月東京大学大学院工学系研究科建築学専攻助手。1997年4月東京家政学院大学家政学部住居学科講師、2004年4月同助教授。2010年4月より現職。著書に『イングランド住宅史』（中央公論美術出版）、『英国の建築保存と都市再生』（鹿島出版会）など多数。

小澤英明
西村あさひ法律事務所パートナー弁護士（不動産法・環境法）。1956年長崎県生まれ。1978年東京大学法学部卒業、1980年東京弁護士会弁護士登録、1985年東京大学大学院工学系都市工学修士課程修了、1991年コロンビア・ロー・スクールLLM修了、1992年NY州弁護士資格取得。国土交通省の今後の市街地整備のあり方に関する検討会委員、文化庁の文化財建造物管理活用に関する検討会委員等を歴任。主な著書に『企業不動産法』（商事法務）、『問答式土地区画整理の法律実務』（共著・加除式　新日本法規出版）、『温泉法――地下水法特論』、『土壌汚染対策法と民事責任』、『建物のアスベストと法』（以上白揚社）、『日本のクラシックホール』、『日本の駅舎とクラシックホテル』、『都市の記憶――美しいまちへ』（以上共著・白揚社）、『歴史的建造物と所有権』（共著・稲本洋之助先生古稀記念論文集『都市と土地利用』所収）、『定期借家法ガイダンス』（共著・住宅新報社）など。

葉葺正幸

株式会社和僑商店代表取締役。１９７３年新潟県生まれ。愛宕商事株式会社（ＮＳＧグループ）に在籍していた27歳のとき社内ベンチャーで、おむすび屋銀座十石を創業し成功させる。その後、糀をつかった甘酒をモダンデザインで表現した古町糀製造所を創業したほか、経営難に陥った新潟の酒蔵、今代司酒造の経営を引き受け軌道に乗せたほか、味噌蔵２社、老舗漬け魚屋の再建を引き受ける。現在、今代司酒造株式会社代表取締役会長、株式会社峰村商店代表取締役社長、越後味噌醸造株式会社代表取締役会長、株式会社小川屋代表取締役社長を兼務している。ＮＩＩＧＡＴＡショップデザイン賞（２０１０年）、きらっと光るいいお店新潟県知事賞最優秀賞（２０１３年）、新潟ニュービジネス大賞、新事業創出全国大会フォーラム アントレープレナー部門特別賞（２０１４年）などの受賞歴がある。

本田広昭

株式会社オフィスビルディング研究所代表取締役。１９４９年北海道生まれ。１９７７年三幸エステート設立と同時に取締役に就任。１９９４年同社常務取締役に就任。１９９７年オフィスビル総合研究所設立と同時に代表取締役に就任。2013年オフィスビルディング研究所設立と同時に代表取締役に就任。2014年三幸エステート株式会社特別顧問を退任。2015年株式会社オフィスビル総合研究所特別顧問を退任。同年一般社団法人グリーンビルディングジャパン（GBJ）運営委員就任・広報WG所属「LEED普及委員（オフィスビル分野）」。主な著書に『都市の記憶――美しいまちへ』、『日本の駅舎とクラシックホテル』、『日本のクラシックホール』、『都市の記憶を失う前に――建築保存待ったなし！』、『オフィスビル2030』（以上共著・白揚社）、『次世代ビルの条件』（鹿島出版会）など。

構成／石川憲二

伝統《でんとう》を今《いま》のかたちに

二〇一七年八月一〇日　第一版第一刷発行

著者　後藤治《ごとうおさむ》＋オフィスビルディング研究所《けんきゅうじょ》「歴史的《れきしてき》建造物《けんぞうぶつ》活用《かつよう》保存《ほぞん》制度《せいど》研究会《けんきゅうかい》」

発行者　中村幸慈

発行所　株式会社白揚社
東京都千代田区神田駿河台一―七　郵便番号一〇一―〇〇六二
電話(03)五二八一―九七七二　振替〇〇一三〇―一―二五四〇〇

装幀　岩崎寿文

印刷製本　中央精版印刷株式会社

ISBN 978-4-8269-2102-2